トム・ギル著

毎日あほうだんす

横浜寿町の日雇い哲学者
西川紀光の世界

完全版

キョートット出版

写真

高橋康暢 (たかはし・やすのぶ)：表紙、186、187、214-215 頁／2011 年

梅谷秀司 (うめたに・ひでじ) ：223 頁／1994 年

西川紀光のお姉様より提供 ：59、61、64、83、86、87、88、197、210、217頁

色々あったが土壇場でハッピーライフになっているから、
いいじゃないですか。リラックス気分で。

西川 紀光

目　　　次

紀光を紹介します

　　西川紀光という男　・・・・・・・・・・・・・・・・・・　　8

　　1995 年の紀光　・・・・・・・・・・・・・・・・・・・・　 16

　　寿の哲学　・・・・・・・・・・・・・・・・・・・・・・・・・　 24

　　港湾労働について　・・・・・・・・・・・・・・・・　 31

　　長男、そして人生への罰　・・・・・・・・・・・・　 33

　　トムとキミツ　・・・・・・・・・・・・・・・・・・・・・　 37

　　再会　・・・・・・・・・・・・・・・・・・・・・・・・・・・・　 40

2007 年、紀光の証言

　　テッポウで故郷へ　・・・・・・・・・・・・・・・・・　 44

　　5 歳が黄金時代　・・・・・・・・・・・・・・・・・・　 56

　　中学生のころ　・・・・・・・・・・・・・・・・・・・・・　 68

　　自衛隊に入って　・・・・・・・・・・・・・・・・・・・　 76

　　あほうだんす　・・・・・・・・・・・・・・・・・・・・・　 89

　　港湾労働の良さ　・・・・・・・・・・・・・・・・・・　 92

　　天気が良くて　・・・・・・・・・・・・・・・・・・・・・　 97

　　海の冒険譚　・・・・・・・・・・・・・・・・・・・・・・　 99

　　母の 3 回忌　・・・・・・・・・・・・・・・・・・・・・・　103

　　アフォーダンスとオートポイエーシス　・・・・　108

　　寿のこと　・・・・・・・・・・・・・・・・・・・・・・・・・　112

　　コリン・ウィルソンについて　・・・・・・・・・　118

　　刑務所のこと、女のこと　・・・・・・・・・・・・・　124

　　イギリスの高校生へ　・・・・・・・・・・・・・・・・　132

　　ホッファーについて　・・・・・・・・・・・・・・・・　137

寝ると夢を見る ・・・・・・・・・・・・・・・・・・・・ 146

因果応報について ・・・・・・・・・・・・・・・・・・・ 153

社会人類学からみた紀光 ・・・・・・・・・・・・・・・・・・・ 159

聞き書きの後のこと

2007 〜 2011 ・・・・・・・・・・・・・・・・・・・・ 176

寿町の変化 ・・・・・・・・・・・・・・・・・・・・・ 179

紀光の新生活 ・・・・・・・・・・・・・・・・・・・・ 185

お姉さんの話 ・・・・・・・・・・・・・・・・・・・・ 191

本ができた ・・・・・・・・・・・・・・・・・・・・・ 198

紀光最期の日々 ・・・・・・・・・・・・・・・・・・・・ 204

あとがき ・・・・・・・・・・・・・・・・・・・・・・・・・・・・・・・ 218

この本の出版については、
明治学院大学学術振興基金の助成を受けました。

紀光を紹介します

西川紀光という男

こんにちは。私はイギリス人の社会人類学者で、トム・ギルと申します。1983年より主に日本で暮らしています。

私の経験から言うと、日本人は知らない人とほとんど話すことはない。ところが、私の友人、西川紀光（にしかわ・きみつ）は道路で知らない人に温かい挨拶をする。手を振って、「おお」と陽気に言う。子供が大好きで、見た途端に近づいて、頭をなでる（母親は怖がって、子供を引っ張る）。何か思い出せないことがあれば、信号待ちの赤の他人に聞くことがある。

「ね、ハロルド・マクミランがイギリスの首相を辞めたあと、誰が継いだ？ ハロルド・ウィルソン？ それとも、エドワード・ヒース[1]？ 知っているか？」（相手は聞こえていない振り）。でかい、お相撲さんのような男を見れば、面白おかしくて、爆発的に笑い出す（相手は怒るが、なぜかぶん殴られることはあまりない。やはり日本人は穏やかな性格かもしれない。もし紀光がイギリスに暮らしていてそういう振舞いをすれば、とっくに殺されているだろう）。

紀光は無視されるとか、変な目で見られることがよくある。彼は全然気にしない、というか気がつかない。酔っ払っているということもあるだろうが。

---

1 3人とも、昔の英国首相。マクミラン（1957-63、保守党）、ウィルソン（1964-70・1974-76、労働党）、ヒース（1970-74、保守党）。ちなみに、マクミランの後を継いだのはヒースでもウィルソンでもなく、アレック・ダグラス・ヒューム（1963-64、保守党）だった。

　トルコの民話にムラ・ナスルディン（Nazeradin Hoja）とい
う男が出てくる。彼のことを「世界一馬鹿な賢人？　それとも世
界一賢い馬鹿者？」と知人はよく論じたそうである。紀光と長年
付き合っている私は、彼に関して同じように考える。

初めて紀光と会ったのは 1993 年 10 月 20 日、午前 6 時ごろだっ
た。場所は横浜・寿町の労働センター前。当時私はロンドン大学
の大学院生として、寿町で博士論文の調査を始めたところだった。

　寿町は「ドヤ街」と呼ばれることがある。「ドヤ」は「簡易宿泊所」
のことで、「ヤド」（宿）を逆にして作った昔からの隠語である。
たくさんのドヤが集中するところが「ドヤ街[2]」である。あるい
はこの町は「寄せ場」と呼ばれることもある。労働者を「寄せる
場所」という意味で、日雇いの労働市場を指す。

　寿町の場合、90 年代の半ば約 100 軒のドヤに、約 6000 人の
単身男性が住んでいた。高度成長期やバブルの時代では力の強い
男、技術や能力がある男ならばかなり稼げる場合もあり、好んで
日雇いで働く人もいた。外国人労働者にとっても魅力があり、当
時 1000 人ぐらいの韓国人やフィリピン人もいた。しかし 1993
年というと、すでにバブル崩壊の後で、日雇い労働者同士の生存
争いが確実に厳しくなっていた。

　仕事を探すとき、手配師という街角のリクルーターに頼ること
が多い。手配師は集めた労働者を白いマイクロバスで港湾や建設
現場に送る。その多くはヤクザの雇われで、ピンハネが激しい。
それに対して、行政は昔から法に沿った日雇い職業紹介制度を構
築しようとしていた。町の中心は労働センターというドデカい建
物だった。毎朝未明から、多くの日雇い労働者はセンター前に集
まり、5 時 45 分、シャッターが上がるとラグビーのスクラムの
ようにその窓口で提示される仕事を奪い合う。裸の資本主義、適
者生存そのものだった。そしてほとんど男性だけの社会だった。

2　日本の「三大ドヤ街」は釜ヶ崎（大阪）、山谷（東京）、そして紀光が
長年暮らしている寿町（横浜）である。

その大勢の争う男たちは外から見ると似ている感じだった。青い作業服、野球帽、地下足袋、それはほとんど制服になっていた。しかしよく見れば、しっかりした道具を持っている男もいれば、顔と手が汚れている、野宿しているような男もいた。2年間のフィールド調査をしているうちに、その男たちそれぞれのユニークな人格と人生経験が少し分かるようになった。その群衆の中にあった顔の一つが西川紀光だった。

1993年10月20日のフィールドノートから

　労働センターに戻る。そろそろ日雇い職安の窓口がシャッターを開く時間。その前でニシカワキミツという男、私の国籍を聞く。イギリスだと言うと耳に「エドワード・ヒース」とささやく。パイプオルガンをひく仕草、オーケストラを指揮する仕草、ヨットを帆走させる仕草[3]。「ハロルド・ウィルソン……ジェイムズ・キャラハン[4]……ハロルド・マクミラン……」（笑い）。英語で "Heath... inflation going up and up... poor people much trouble... he say I have my private life"[5] キミツはわんぱくな顔をしてまたオルガン、指揮者、ヨットの仕草を演じる。大笑い。
　日雇い手帳[6]を見せてくれた。今月は印紙10枚ぐらいが

3　ヒース首相の趣味はオルガン、コンダクター（指揮者）、そしてヨットであった。趣味に熱心というのは彼のイメージの一面であった。
4　英国首相（1976-79、労働党）。
5　「ヒース、インフレがどんどん上がる、貧困層は困っている、なのに彼は言う、自分にはプライベートの生活がある！」
6　「白手帳」とも言う。日雇い労働者の失業保険制度で、1日働けば、その日のマスに雇用者は印紙を貼ってくれる。2ヶ月に28枚以上の印紙があれば、次の1ヶ月は失業の日に手当（最高6200円）が出る。翌年、基

貼ってあった。「残り10日間で後4、5枚取らなきゃ」。英語で "No good!" と言って、白手帳を空中に投げ上げた。落ちてくると今度はラグビーキックで蹴っ飛ばした。

　キミツを含めて男たち約150人が職安の前でシャッターが開くのを待っていた。でもやっと開いても、12件しか仕事の掲示はない。多くの男たちはすぐ諦めた。「仕事ねぇぇ……」。私が帰ろうとするとキミツは最後に私の耳に「イーノック・パウエル[7]」とささやく。

　そのあと、何回も職安の周辺でキミツと会った。名前の書き方を教えてもらった、「紀光」。
　一年が経った。私はオックスフォード大学のアーサー・ストックウィン教授（日本近代史）を寿町に連れて行った。彼が特に興味を持ったのは寿町の落書きだった。あちらこちら、ナチスドイツの強制収容所の警備兵らしき軍服姿のブロンド男の絵があり、英語やドイツ語のセリフが付いていた。独特のスタイルで、作者はなんらかの強迫観念にでも取り付かれているかのように同じテーマを繰り返している。私は「その落書きを書いた人を紹介しましょうか？」と言って、紀光のドヤに連れて行った。

1994年9月24日（土）のフィールドノートから

　紀光は在宅で、両大戦間の英国失業問題の本を読んでいた。
　3人で「銘酒コーナー浜港」（私の一番好きな寿町の小料理屋）

準は2ヶ月に26枚と、緩められた。現在の最高手当は1日7500円だが、その額を貰う権利がある労働者は極めて少ない。
7　戦後イギリスの代表的な右翼政治家。反移民の「血の川」演説（1968年）は有名。

紀光のナチス漫画

に行って、一杯飲んだ。というか、私とストックウィン教授は1杯ずつ飲んで、紀光は3～4杯飲んだ。会話のテーマは歴史へと流れた。紀光はストックウィン教授にイーデン首相[8]のことを聞いた。イギリスのスエズ危機[9]は本当にイーデンのせいだったのか？　イーデンはせっかくチェンバレンの対ヒトラー宥和政策に反対したのに、結局チェンバレンと同じ「失敗者首相」という評判に終わってしまった。でもスエズ問題におけるフランス政府の役割は充分認識されていないではないか？　当時のエジプト・中東にはイギリスよりフランスの方が利権があったのではないか。

　ストックウィン教授はちょっと苦しそうだったが、頑張って紀光の質問に応じようとした。

　そこへ愛子さん（「銘酒コーナー浜港」のレギュラー、歯のないお婆さん）が寄ってきた。英語で話そうとしたが、ほとんど通じない。彼女からよく出た英語の言葉は「ポーチ」。よく聞くと pouch（手さげ袋）ではなく、porch（建物から外に張り出した屋根付きの玄関）だった。若いころの愛子さんはアメリカの軍人の女中で、一時はアメリカ人の彼氏もいて、家の裏のポーチで話をすることもあった。しかし彼は帰国すると、音信不通になってしまった。今は「ほかほか弁当」でバイトをして時給は610円。それでなんとか月6万円の収入がある。

8　Anthony Eden. 英国首相（1955-57、保守党）。
9　スエズ危機（1956年）。エジプトのナセル大統領がスエズ運河を国営化しようとした際、イギリス軍はエジプトを侵略した。だがアメリカが強く反対したため、すぐ撤退せざるを得なかった。この大失敗のため、イーデンは辞任に追い込まれた。

「彼女は一生低賃金で働いているが、それでも性格は明るい。
寿町は彼女のような人に頼っていますよ」と紀光が言った。

　初めのうちは、紀光はなぜこれほどイギリスの政治や近代史に
関心があるのか不思議に思った。しかしだんだん分かってきた。
私がイギリス人だから、こういった話題を会話に持ち出す。もし
私がフランス人なら、フランスの近代史や政治を話してくれただ
ろう。歩く百科事典だから。しかしストックウィン教授と私の共
通認識はそれに留まらない。紀光の「知恵」はランダムな知的破
片の集まりではない。思考の道筋、物事の関係性についての意識
が必ずあった。
　その後も何度も紀光と会い、だんだん彼の人生や思想について
詳しくなった。1999 年、フィールドノートをまとめて、次の章
のような簡単な「評伝」を書いた。

1995 年の紀光

　西川紀光は 1940 年、熊本県熊本市の近郊に生まれた[1]。暮らし向きのよい銀行員一家の長男であった。しかし戦争のせいで父は仕事を失い、戦後になっても一家の経済力は二度と戻らず、紀光は高等学校を卒業したが大学に行けなかった。2、3 年間陸上自衛隊でトラックの運転に従事したが、若い頃から酒が好きで「事故を起こさないうちに」自衛隊を辞めた。一時日産自動車の工場や、小さな建設会社で働いた。賃金は安いし、ここでも人間関係がうまくいかずに、結局、辞めたか首になったかして、とにかく離職した。そして川崎・東京・横浜で四半世紀、日雇い労働をやることになった。

　「無責任な長男」とされて、実家と疎遠になった。この 20 年以上、連絡なし。最後に家族と会ったのは、父親の葬式のときだった。「弟と従兄弟にいじめられた。『この野郎！　横浜に帰れ！』お母さんだけ、守ってくれた」。なのに今では、お母さんが生きているか死んでいるかも分からない。

　姉は保育所の先生として熊本に残り、園長になった。弟の一人が大阪に、もう一人が「関西のどこか」にいる。「バラバラだ！家族の内戦だ！」（ヒステリーっぽい大笑い）。でも、ここ（寿

1　この文章は「寄せ場の男たち：会社・結婚なしの生活者」（西川祐子・荻野美保編『共同研究・男性論』人文書院、1999 年、17〜43 頁）から、本人にチェックしてもらい、大幅に訂正したものである。1995 年頃の紀光の姿が分かる。

町）は、オレにとっていい所だ。This is my right place.[2]

　ずっと独身である。結婚、離婚、プロポーズ、ガールフレンド、無し。失恋だけは一回あった 。

　紀光は建設現場（彼のいう「穴掘り」）より、港湾の荷役作業の方が好きである。海のロマンである。海外に行ったことはないが、遠い国のエキゾチックな文化に魅了されている。港湾で外国人船員と接触し、それなりに通じる英語を身につけてきた。今でも突然、言葉が英語になることがよくある。他の外国語も挨拶程度なら話せる。

　長年「第二大丸荘」というドヤに暮らし、部屋はインテリ本の山でほとんど動けないくらいである。そのど真ん中で紀光はラジオで大好きなジャズを聴きながら、何時間も本を読んでいる。ギターを弾くこともある。

　ギター[3]にも、ナチス・ドイツへの関心があらわれ、何人かのナチス士官の漫画が描かれ、親衛隊「SS」の紋章もある。でもイスラエルの「ダビデの星」をつけたユダヤ人の姿や、また「ブーヘンヴァルト収容所 」との記述もあり、右下に UKLAINE（Ukraine, ウクライナ）と書いてある。ウクライナでナチスはユダヤ人 90 万人を含めて約 400 万人の非戦闘員を虐殺した。冷静に見れば、ナチスへの関心を表しているが、これはナチスを賞賛するギターではない。ホロコースト記念ギターである。

2　少し変な英語。正しくは This is the right place for me. それが "my right place" だと、他ではなくて、ここだと強調され、「オレに相応しい居場所だ」というニュアンスになる。紀光には古い身分意識があり、貧困者や変わり者が群れになって、彼らに適した場所に溜まることは自然な成り行きと考えているようだ。

3　このギターについては 161 頁で詳しく触れる。

紀光のギター

　紀光は、私が人類学をやっていると分かると「マリノフスキー[4] 系の機能主義派[5] ですか？　それとも、レヴィ゠ストロース[6] の構造主義派[7] ですか？」と聞いた。つまらないことに、私は「まだ自分の主義を探している途中」だとしか答えられなかった。それから 20 年が経った現在、なんとか大学の教授になったが、まだまだ「自分の主義」を模索中である。それに今でも「読んだ本の数」では、紀光に負けているだろう。一人暮らしの日雇い労働者は自由時間が多い。それをパチンコ等ではなく読書に使うと凄まじい独学ができる。

　紀光には彼ならではの二つの特徴があった。その一つは寛容さである。職安での押し合いに負けてあぶれてしまっても、「みな同じ状況だからしょうがない」。私を自分の部屋に入れようとして、在日韓国人の帳場さんに「客はダメ！」と叱られても優しく応対し、他の労働者とは違い、手配師を弾劾することもなく、ヤクザにさえ寛大だった。自由を愛し、労働組合や運動家には関心はなかった。紀光の「団結」の対象には、手配師やヤクザといった、日雇い労働者の階級闘争の敵とされる人まで含まれていた。
　もう一つの特徴は被害妄想であった。特定の個人を悪く考えることはまずなかったが、「組織」「当局」「行政」そして特に「国家」

4　Bronislaw Kasper Malinowski (1884 - 1942). ポーランド出身のイギリスの人類学者。

5　Functionalism. 文化的な習慣や構造には必ず機能がある、と主張する学派。例えば戦争さえ間引きという意味で、人口を調整し環境を守ると見なす人がいる。

6　Claude Lévi-Strauss (1908-2009). フランスの社会人類学者。

7　Structuralism. あらゆる文化要素（食文化・美術・宗教・儀礼等）は一つの概念的な構造の表現であるという理論。

を非常に疑わしく見ていた。

　ある日、労働センターの前で腕を振りまわして、英語で「エスピオナージ！」（スパイ活動）と叫んでいる紀光を見かけた。「サボタージュ」（妨害行為）の意味で言ったのだと思う。何日間も仕事を取れなかったため、センターの職員は彼を狙ってわざと仕事を与えなかったと思い込んでいたのである。

　別の日、寿町の喫茶店「亜歩郎」（アポロ）で、紀光はハイゼンベルクの不確定性原理[8]を私に説明してくれた。

$$\Delta x \Delta p \geq \frac{\hbar}{2} \,^{[9]}$$

　素粒子の現在ある場所を測ろうとすれば、その測るプロセスでその素粒子が動いてしまう。よって、完全にその場所を定めることはできない。あるいは、素粒子の位置を測る正確さとその運動量（速度に質量をかけたもの）を測る正確さは反比例のような関係にあるから、その素粒子が「どこにあるか」と「どこに行くか」を同時に測ることはできない。理科系ではない私には分かりづらい話だったが、要点は紀光が訴えるのは「社会不確定論」だということである。原子を構成する粒子が電磁気の流れによって測定不能の軌道に流されていると同様、人間は「社会の流れ」に

8　Heisenberg's Uncertainty Principle. ドイツの物理学者ヴェルナー・カール・ハイゼンベルク（Werner Karl Heisenberg, 1901-1976）が発見した量子力学の原理。

9　$\hbar$ は、ディラック定数と呼ばれる物理定数。この式は、素粒子の位置の不確定さ Δx と運動量の不確定さ Δp の積が一定の値 $\hbar / 2$ より小さくならないことを表している。

よって無理やり流されてしまう。

　紀光は私のメモ帳に原子の図を書いた。原子核の周りを電子がぐるぐると飛び回っている。

「その電子はどこにあるか、そしてどこに行くか、分かりません。同様に、自分たちの居場所、将来の道、分かりません。これは自然科学ですよ。哲学ではありません」

　人間の人生を自然科学の隠喩で話すのは紀光の習慣だった。モデルの一人はハーバート・スペンサー（Herbert Spencer, 1820-1903）。自然科学の原理だったダーウィンの進化論を人間社会に適用して、「ソーシャル・ダーウィニズム」（社会進化論）を提案した。同様に紀光は「ソーシャル・ハイゼンバーギアニズム」つまり「社会不確定論」を狙っていた。

　人間社会を自然科学と同じように分析する草分けは社会学の設立者、エミール・デュルケム[10]である。紀光が「人間」は「社会」や「国家」に勝てないというとき、それはデュルケム的な考えに聞こえる。デュルケムは特に『社会分業論』[11]で、個人を「分子」（molecule）と例える。しかしデュルケムが使う「分子」に対して、紀光が好んで使う隠喩は「電子」である。分子よりさらに小さいだけではなく、気体や液体でふわーと動く分子より、原子核を凄まじい速度で回る電子はもっと慌ただしく、もっとフォローしにくい。

　自由を愛する紀光だが、凄い速度で動く電子は自由に見えても、引力や電磁場により操られている。だから動きが激しくても「自由」なのではなく、「不確定」なだけである。社会学的に言うと、

10　Emile Durkheim (1858-1917). フランスの社会学者。

11　*De La Division Du Travail Social*, 1893.

紀光の人生観は無力な人間は社会・経済・政治の流れに流される
というものだった。宗教的に言えば、人間は運命に手玉をとられ
ているという感じだった。

　その話が「深い」と言えるかどうかは別として、その測れない
電子のイメージは寿町の放浪する日雇い労働者に合っているとい
う気がした。結局、紀光のアイディアを借りて、自分の学術書の
タイトルを *Men of Uncertainty*（『不確定の男たち』）[12] というタ
イトルにした。それで紀光に一つの借りができた。

　科学的な進歩について話しているとき、紀光の話はサイエンス・
フィクションの色になることがあった。マルサス[13] の人口論も
気になっていた。人口過剰との戦いで科学の進歩が速まり、人類
が火星に移民できるようになる。酸素と水素を作るために「人工
太陽」も必要になる。そういうことができるようにならなければ、
人口過剰で闘争・戦争、最終的に "bomb"（「爆弾」）という未来
が待っている、と。

　紀光はナチスのユダヤ人虐殺に対し病的なほど深い関心を持っ
たからこそ、寿のあちらこちらの壁に、ナチスの強制収容所の
警備兵の細密な漫画を描いていた。「寿町も一種の強制収容所だ」
という。ただ、皮肉なことに、「捕虜」、つまり日雇い労働者は、
その事実をさっぱり意識していないという。この現象は、紀光の
大好きな言葉で、「面白おかしい」ことである。

　自分の仕事を「重労働、存在自体への罰」と活写し、酔っ払っ
て大笑いした。彼は本物の実存主義のヒーローだと、私は思った。

12　Tom Gill, *Men of Uncertainty: The Social Organization of Day Labor-ers in Contemporary Japan* (Albany: State University of New York Press, 2001).

13　Thomas Malthus (1766-1834). イギリスの経済学者・人口学者。

結婚や会社の契約なしで生きていて、代わりに自分なりに運命と
特約を結んでいるという印象であった。

　紀光の平均デヅラ[14] は 12000 円だった。ドヤ代は 1500 円で、
焼酎代もほぼ同額。馬刺しが好物だったが、日常の食べ物はご飯
と漬物で充分だった。「車はガソリンで動く。オレは焼酎で動く」。
たまには競馬に千円札を費やすことがあったが、普段の仕事の日
は収入 12000 円、出費 5000 円で 7000 円の黒字のはずなのに、「次
の朝起きたら、どうした訳か千円札が 1、2 枚しか残っていない。
この不思議は今まで解けていない」と言っていた。

　紀光はドヤ代の支払いが必ず数日遅れていたが、長年同じ部屋
に住んでいたので、帳場さんはこれを許していた。しかし紀光は
年を取っていて、段々と仕事が出来なくなっていた。生活ぶりは
カツカツで、時々 200 円程度の交通費がなく、数キロ離れた現
場まで歩いていた。あと 2、3 年でドヤ代が払えなくなって野宿
になるだろうという感じだった。本人はこう言う、

「腎臓はダメだし、60 歳で死ぬ。それはそれでいい。人生の良
さは年の数で決めるんじゃない。ポイントは中身なのだ」

14　1 日の賃金（日雇い用語。漢字は「出面」）。

寿の哲学

仕事の哲学

1994 年 1 月 5 日のフィールドノートから

朝 6 時半、紀光の仕事の哲学を学んだ。「日雇い労働者にとって、仕事はギャンブルなのだ。運の良いやつが、仕事のチケットをもらえるんだ」

私はそれに反論した。「たとえ日雇い労働がギャンブルのような不確実性を共有しているとしても、そのシステムは職を得るための日々の戦いのなかで強者が弱者を脇へと押しのけて行くような、もっと荒っぽい資本主義の原理ではないか」

紀光は、日雇い労働のシステムが「サバイバル・ゲーム」だと認めた。「だが、そうだとしても、日雇い労働者たちはそのゲームのルールを理解しているから、互いに結束しているのだ」と指摘した。

確かに日雇い労働者たちが、労働センターのシャッターが上がるのを待つ間に友好的な会話を交わす姿に私も気づいていた。お互いが直接の競争相手であるにも関わらず、である。しかし、ギャンブルと日雇い労働との大きな違いは、「前者で勝ち取るのはゼニなのに、後者ではきつい仕事をする権利を勝ち取るところにあるのだ」と、紀光は皮肉を込

ここから 4 章は、2015 年発行のこの本の英語版 *Yokohama Street Life* より抜粋したものです。

めて言った。

　紀光のドヤ街における人生観には一貫性がなかったが、常に好奇心をそそるものだった。

　1994年、ある寒さの厳しい冬の日に、私はプロの雑誌カメラマンを寿町へと連れて行った。そのカメラマンは、仕事の契約をもぎ取るために労働センターで繰り広げられる戦いを撮りたがっていた。

1994年2月4日のフィールドノートから

　シャッターの正面では20人以上の男たちが待っていたが、その一人が撮影されることに反対して、こう叫んだ。

「ほっといてくれ、おめぇに関係ねぇだろう！」

　もう一人はこう返した。

「どんどん撮ればいいんだよ。ぜひこの惨状を世界に伝えて貰いたいんだ！」

　ここで、またひと味違った反論が、紀光から出された。紀光は群衆の中でシャッターが上がるのを待っていた。

「いいや、惨状じゃない。普通な人ばかりだ」

　紀光の視点から見れば、シャッターの前で待つ彼らは、ただ日々の仕事を手に入れようとしているだけであり、恥ずかしいことはない。だから写真に撮られることは問題ない。

シンドラーのリスト

　一方ときおり紀光は、ドヤ街は「強制収容所」だと話すこともあった。

1994年11月4日のフィールドノートから

　最後の仕事がなくなってからおよそ10分後、どうしようもなく遅刻して、冷たいアサヒビールの缶を掴みながら、ベロベロの西川紀光が転がり込んできた。「はははははは！」紀光は足を折り曲げ、脇腹を抱えて、頭を空に向けて、笑い出した。

「仕事なし！　仕事なし！　この情けない連中を見てくれ！　どうするつもりなんだろう？　これじゃナチスの強制収容所だよ、でもあいつらは気づいちゃいない！　誰も気づいちゃいないんだ！」　そう言うと、紀光はまた大笑いした。

　このテーマは、紀光と一緒に映画『シンドラーのリスト』を観た日にも浮上した。

1994年3月7日のフィールドノートから

　私たちは1時間遅刻したが、映画はまだ上映していた。焼酎を一発ガブ飲みして、映画館に入った。病気になった女性がちょうど、道の真ん中で頭部をナチスの親衛隊に撃たれたところだった。映画はずっと最後まで容赦ない描写が続いた。私は何度も泣かされたが、紀光は厳然たるものだった。

　私たちは寿町に戻って、「食いしん坊」という大衆酒場で、一杯ひっかけた。紀光はそこで、「ナチスがユダヤ人を健康な集団と不健康な集団に選別して、前者を強制収容所で働かせて、後者を死の収容所へ送った様が、寿町の雇用者や役人たちの日雇い労働者への態度を思い出させた」と語った。

　健康なグループは労働させられ、日雇い失業保険制度の

下でなんとか健康状態を維持できるようにさせられる。一
方で不健康になれば仕事はなく、給付金の恩恵も受けられ
ない。事実上の見殺しだ[1]。
「でも、寿町はまだマシだよ」と紀光が続けた。
「だって、オレたちは酒を飲んで死ぬことができるんだから。
ガス室や脳みそをつきやぶる銃弾よりは、全然いいよ」
　　紀光はワンカップを高らかに挙げると、馬のように笑い
出した。

寛容さについて

　紀光と、大丸ドヤの在日韓国人の帳場さんとの関係は複雑だ。
紀光は家賃の支払いを数日滞らせることがしょっちゅうあり、
1993年の9月には、丸々1週間も遅れたそうだ。家賃の滞納者
にとって、もっとも重要なのは帳場さんを避けることである。そ
の危機的な状況にあった9月、紀光は帳場さんを怖れ、まだ寝入っ
ているはずの午前4時、大丸ドヤを抜け出した。万が一、帳場
さんが早起きして管理人室のガラス窓の向こうに座り、紀光を叱

1　確かに日雇い労働者の失業保険制度にはそういう面があった。労働者
が1ヶ月に最低13日間働いていれば、失業時に1日7,500円の給付がさ
れるが、1ヶ月の勤務日が13日を下回れば給付資格を失い、収入は突然
激減する。窮乏へとまっしぐら、となるのだ。例えばデヅラ（1日の賃金）
が1万円だとすれば、
　1ヶ月13日働く場合：10,000円 × 13 ＋ 7,500円 × 12 ＝ 220,000円
　　　　　　　　　　　　　　　　（日曜日は保険の支払いはない）
　1ヶ月12日働く場合：10,000円 × 12 ＝ 120,000円（マイナス45%）
これは日雇い労働者の「崖」である。だんだんと年を取って、働ける日が
少なくなると、紀光が言う「強制労働収容所」から「死の収容所」の分岐
点に至る。ただしこれは四半世紀前の話であり、現在は生活保護が取りや
すくなっていて、事情はかなり改善している。

りつける準備をしている場合にそなえ、念のために両手と両膝を
床について、這って管理人室の前をそっと通り過ぎたそうだ。

　私自身も一度、怒れる帳場さんの威力を思い知ったことがある。
ドキュメント番組を制作している撮影クルーを二人、紀光の部屋
に連れて行ったことがバレてしまい、帳場さんが私と紀光を怒鳴
りつけ、紀光を部屋から追い出すと脅した。

　ここで私を一番感心させたのは、紀光の何でも包み込むような
寛容性だった。私が帳場さんのことを魔女と呼んだとき、紀光は
「韓国人で日本の帝国主義や朝鮮半島の内戦や引き裂かれた祖国
の傷を負っている」と言って、どこまでも帳場さんを弁護した。
実は、そのトラブルまみれの撮影クルーはそれ以前にも、不愉快
なヤクザに振り回され、寿町から出て行けと言われたことがあっ
た。そのときは、ヤクザも弁護した。

「あの男は、自分の仕事をしているだけなんだよ。ヤクザにとっ
ちゃ、自分たちの仕事がテレビで放送されちゃあ困るよね。だか
らそれを防ぐためには、ああするのは自然なことなんだよ」

　以前から、紀光が雇用者やヤクザ、手配師などを非難する姿勢
には参加しないことに気づいていた。紀光に言わせれば、ヤクザ
が仕事をくれるのなら感謝すべきだ、ということだった。この寛
容性こそ、西川紀光、いや、寿町全体を理解するための重要な鍵
ではないかと感じた。寛容性があるからこそ、大都会の他の場所
では溶け込めないような人々が、その居場所をドヤ街に見つける
のかもしれない。

マナブのこと

　とはいえ、紀光がいつも寛容とは限らなかった。紀光は寿町で
生きる人々に強い一体感を抱いていた。同じ舟に乗った助け合う

運命共同体であると。その反面、外部の人には厳しい。

1994 年 11 月 4 日のフィールドノートから

　ある日、私は紀光にマナブと呼ばれるニューカマーを紹介したことがある。紀光は一瞬でマナブを嫌いになった。

「おめえ、見かけたことないね。そんなお高い靴を履いて、ここで何をしているんだ？」

　紀光はマナブを弾劾して、その靴を指さした。

「そんな靴は、ここの人が履くようなものじゃないんだよ、ほら見てみろ！」

　紀光は、シャッターの周りをうろついている男たちの靴を指さした。ゴムのブーツ、古いスニーカーやプラスティックサンダルを履いていた。

「あんた、ヤクザか何かかな？」

「違います、私もここで働いているんです。あなたと同じように」

　マナブはそう言って、運転の仕事を得て受け取った紙切れを紀光に見せた。

「運転免許なんて持っているんなら、安定した仕事を他の場所で探すべきじゃないか」

　紀光は私に、わざとマナブにも聞こえる大声で言った。

「おれには何がある？　高い靴なんて持ってないし、運転免許だってない。おれには何もないんだ。ここはね、何もない人たちのための場所なんだよ。おれはここへウィンドウ・ショッピングしに来るようなやつは嫌いなんだよ」

　紀光は英語の表現を使ってそう言った。マナブは賢く、その場を退いた。去り際に、マナブはユーモアを込めて紀光の

顔にパンチする真似をした。私は見ていたが、紀光は気づい
ていなかった。

外国人労働者のこと

　当時は寿町で働く外国人労働者が大勢おり、そのほとんどが不
法滞在だった。

　最も大きなグループは韓国人で、その他にもフィリピン人や中
国人もいた。紀光は彼ら外国人労働者に入り交じった感情を抱い
ていた。日雇い労働者の失業率が高いときに、若くたくましい外
国人労働者たちがわずかに残る仕事を奪っていく。そんな状況で、
彼らを同胞として見なすことは難しいと紀光は語った。

　個人的には、外国人労働者に対して悪感情を抱いているわけで
はなかった。「人種差別に対する一番の解毒剤は韓国人やフィリ
ピン人とともに働き、彼らがいいやつらで献身的な労働者である
ことを目の当たりにすることだ」と言っていた。

　しかし、構造的には、日本人の日雇いと外国人労働者の利益が
対立していることを否定するのは難しい。韓国人しか雇わない手
配師もいるが、それは韓国人の方がだいたい日本人労働者よりも
厳しい労働をこなし、不法滞在であるゆえに日当や労働環境に関
して文句を言わないからである。フィリピン人しか雇わない手配
師もいる。

　紀光は、「外国人は日本社会の下層で抑圧されたマイノリティ
である、というステレオタイプは寿町では真逆になっている」と
言った。外国人が日雇い労働者のエリートになりつつあった。

港湾労働について

　仕事があるとき紀光は平均で1万2千円ほどを一日に稼いでいた。波止場なら＋a、建設現場なら－a。景気が悪化している昨今、日雇い労働者は単純肉体労働では一日に8、9千円稼ぐのにも苦労する。紀光はかつて波止場で、よく第一船舶という会社の仕事をしていた。バナナに大豆、とうもろこしや米といった荷下ろしの仕事だ。

　穀物類はたいてい60キロの袋で来た。それはほとんど紀光の体重と同じだが、小柄な体格の割に、意外に力があったのだ。1994年、日本の米不足がタイ米の大規模な輸入を引き起こして、紀光はよく働き、よく稼いだ。コーヒー豆の荷下ろしは、荷役の最高値である1万7千円にもなった。また、カナダからの製紙パルプや北海道からの新聞印刷用紙のほか、中国の冷蔵船からの冷凍シーフードや鶏肉の荷下ろしもやった。冷凍食品は危険な仕事だった。床は氷で滑りやすく、重い木箱は高く不安定に積み上げられていた。業者に配布されたパーカーを着込んでマイナス30度の気温から身を守っても、外への階段はゆっくりと上る必要がある。でなければ常温への急な移動により心臓は波打ち、心臓発作につながりかねなかった。

　第一船舶は酒類の輸送も扱っていた。スコッチウイスキー、フランスのブランデー、アメリカからのバドワイザービール、オランダからのハイネケン、アイルランドはギネス、デンマークからはカールスバーグ、などなど。「これは紀光にとって、夢のような仕事ではないか」と言ったら、紀光は「荷下ろし作業は鷹の目

で監督に監視されており、コソドロは事実上不可能だ」と教えて
くれた。

　一方建設現場ではセメントを混ぜたり、敷石を割ったり廃屋を
解体したりと、さまざまな作業をしていたにも関わらず、紀光は
建設の仕事を全部「穴掘り」と呼んだ。紀光はときどき配管工事
の簡単な仕事もさせられたが、技術が必要なので嫌だった。紀光
は日当が低く、海から遠い工事現場の仕事が嫌いだったが、とき
には楽しみもあった。

1994 年 11 月 2 日のフィールドノートから

　「ある日、美術館の床のタイルを削る仕事があってね。あ
　れは良かったなあ。好きなようにやらせてもらったから、模
　様を作ることができた。ちょっとした創造性で、仕事は違っ
　てくる。おれは穴掘りのときに完璧な穴を作ったり、とき
　には気分転換に四角いのを掘ってみたりする奴らを知って
　るよ。コーヒー豆の袋を、綺麗なモザイクに積み上げる奴
　らもいる」

　1990 年代、紀光は充分な仕事を得るのに苦戦していたときが
多かったが、いつもそうだったわけでもない。高度成長期やバブ
ル経済期の横浜港は極めて忙しかった。紀光は連続するシフトで
昼も夜も、2、3 日続けて休まずに働いたことを思い出す。そう
した日々は過去の産物となり、職業紹介所から、または手配師か
らもらえる仕事なら何でもやるのだった。

長男、そして人生への罰

トムの家で庭掃除

2、3回私は紀光に仕事を頼んだ。自宅の庭は地味な代物だったが、私には時間がなく、妻が庭いじりを嫌っていたこともあって、すごく荒れていた。だから紀光に手伝ってもらい、草取りをした。ゴミ袋を何枚も雑草でいっぱいにして、そこら辺にあったコンクリートの塊も片付け、合間に幾度か休憩を取って、紀光が新陳代謝として必要とする酒を飲んだ。

作業を終えたとき、私たちはシャワーを浴びたが、紀光は服を着替えることを拒否したので、妻の和子は紀光のためにソファに新聞紙を広げ、夕食は皆でこたつで食べた。妻は紀光にとても親切に対応し、素晴らしいご馳走を提供した。

紀光は戦闘機の絵を描いたりして、私の4歳の息子を楽しませてくれた。また、紀光は私をシンドラーに見立て、頭上でナチスの兵士を持ち上げて、地面に投げつけようとする様子も描いた。

このとき気づいた。寿町の周辺にある沢山の落書きは全部紀光によるものである、と。

夜、紀光を連れて駅まで歩いた。「二人の可愛らしい子どもたちに会い、素敵な自宅を見て泣き出しそうになったよ」と紀光は話した。どういう理由があってか、私の愛らしい妻についての言及はなかった。

長男、実存、労働、罰

紀光は4人兄弟のなかで、長男として生まれた。上に一人お

33

姉さんがいる。フィールドワークを通じて、私は長男論を展開していくようになっていた。ドヤ街の大部分の男たちは、農村部の出身である。田舎の伝統では長男が家を継ぎ、そこに留まることを期待されるから、ドヤ街には比較的長男は少ないだろうと予想していた。しかし、蓋を開けると意外なほど多くの長男が寿町にいることに私は気づき始めていた。

　季節労働が農村部の生活の一部となってから随分経つ。男たち、ときには女性たちも、農業が暇になる寒冷期に都市部での仕事を求めるのだ。こうした季節労働者のほとんどが、春になると故郷へ帰還する。だが、一部は帰れずじまいになる。実家に送金することもできなくなるまで、都会の生活の誘惑に落ちたり、ギャンブルや女や酒にはまったりして身動きが取れなくなるのである。

　彼らの一部は恥の意識から生家の家族と連絡を完全に絶ってしまう。長男は弟たちよりも季節労働に出ることは稀だから、往復の生活でつまずくと都会から抜け出せなくなりやすいのではないか、と考えていた。

　2月の寒さが染みる朝、6時に労働センターのシャッターが上がるのを待ちながら、この長男論を紀光に話すと、

紀光：That's right! There are so many. Like me! Something deep behind it, need careful study of Japanese traditional family system.（顕微鏡を覗く仕草をしながら）Must open the door.（扉を開ける仕草）

ギル：Oldest son stays at home, so ...

紀光：That's right. Top brother has rights.[1]

1　紀光「その通りだよ！　ここらにはオレみたいなやつが沢山いるんだよ。背景には根深い問題があるんだ。日本の伝統的な家族システムを注意深く学ぶ必要がある。ドアを開けなきゃ」

紀光流の英語では、長男は "oldest son" ではなく "top brother" と翻訳される。世代差よりも兄弟間の関係性が強調されたおもしろい用語法である。

紀光： Top brother has power. So we are soft. We are spoiled. When we graduate from home ...（肩をすくめて）When I look for work, I have no ... confidence. My whole life, I try to find why I exist. Existential ...

ギル： You've been reading Sartre and Camus.

紀光： Yes, and Swedenborg. Have you read Swedenborg?

ギル： Err... no. Anyway, do you understand your life now?

紀光： It is a punishment.

ギル： What for? What have you done?

紀光： My whole life is a punishment.

ギル： What for?

紀光： Punishment for my life!（大声で笑う）[2]

ギル「長男は家にいるから……」
紀光「そう、トップブラザーは権利があるんだよ」
2　紀光「トップブラザーはパワーがある。だから弱くなる。オレたちは甘やかされる。オレたちは家から出て行くときや……仕事を探すとき、オレには……自信がない。人生の中でずっと、なぜ自分が存在しているのか探し続けている。実存の問題を……」
ギル「紀光はサルトルやカミュを読んできたよね」
紀光「そう！　それとスウェーデンボルグ。スウェーデンボルグ、読んだことある？」
ギル「えっと、……ないです。とにかく、自分の人生の意味、分かりましたか？」
紀光「罰、だね」
ギル「何への罰？　紀光は何をしたの？」
紀光「オレの人生のすべては罰なんだ」
ギル「何への？」

　6 時 15 分になった。私は紀光に仕事を得ることに集中しても
らうために引っ込むことにした。シャッターが上がると、昨日ほ
どの仕事はなく、おそらく 30 かそこらしかなかった。紀光は周
りの労働者とともに突進した。紀光は 2 列目にいる。私は紀光
が仕事を得られるだろうと思ったが、充分に押し切れず、後ろか
ら押し寄せてきた他の労働者たちが先に白手帳を窓口に差し込ん
でいた。数分で、全ての仕事がなくなった。

　ダメだと思ったら、運が変わった。みんなが諦めて職安に背を
向けたその時、紀光の真ん前の窓口に締め切りギリギリの求人書
が職員の手に現れた。紀光はそれに飛びついた。紙を見せてくれ
た。「労働者 1、西川紀光、53 歳、建設作業員」。場所は三ツ境。
徒歩と電車で 45 分ほど。12500 円とお昼代の 500 円が支払われ
る内容だった。「石を運ぶんだ」と紀光は舗装板を持ち上げ、手
押し一輪車に乗せる仕草をしながら説明した。

　「いい仕事なの？」と聞くと、

　"Hard labor! Punishment!" [3]

　紀光は大声で笑って、もう一度言った。

　"Punishment!"

　そうして彼は去って行った。

　本人が言う通り、紀光は 2000 年に 60 歳で死ぬだろう。20 世
紀最後の隠れた実存主義のヒーローとして。私はそう考えた。

紀光「オレの人生への罰だよ！」
3　「きつい肉体労働だよ！　罰だ！」

トムとキミツ

ジュークボックス

　私にとって紀光は、重要な情報源であると同時に、友人にもなっていった。寿町の夏祭りで、私たちは一緒に踊った。「浜港」や「友苑」といった酒場にも繰り出した。友苑には、ジュークボックスがあった。私はいつもオーティス・レディングの「ドック・オブ・ベイ」[1]をかけた。紀光はふざけて妄想癖を見せびらかして、オージェイズの「裏切り者のテーマ」[2]をかけた。

　労働センターの役人が申し訳なさそうな声で募集中の仕事がひとつもないことをアナウンスしていたあるとき、職業安定所の窓口の外に紀光を見つけた。彼はロッド・スチュアートの「今夜きめよう」[3]から、"Stay away from my window,"（おれの窓から離れろ）と歌い出した。紀光は役に立たない職安の窓口をその歌で風刺しながら、自分の機知がツボにはまって死ぬほど笑っていた。

　ときおり紀光の部屋を訪ね、ジャズについて語り合った。

　紀光は古い曲を「ホロコースト記念ギター」で弾いた。または

---

1 'Sitting on the Dock of the Bay'（波止場に座って）は 1968 年全米 No.1 ヒットだった。その歌を聴くと紀光を思い出す。「波止場に座って ……潮が流れて行くのを見て……ただ波止場に座って……時間を浪費していく」。

2 'Back Stabbers' 1972 年全米 No.3 のヒット曲で、やはり紀光らしい被害妄想的な歌である。「ヤツら何をする？　笑顔で見ても、いつだってアンタの位置を狙ってる……裏切り者」。バック・スタバーは文字通り、人を後ろからナイフで刺す悪者である。

3 'Tonight's the Night' 1976 年全米 No.1 ヒット曲。

アメリカ軍のラジオ局、FEN (Far Eastern Network) で聞いた
ロックンロールやジャズをかき鳴らした。紀光にとっては FEN
は面白おかしいものだった。潔癖な軍曹がジミ・ヘンドリックス
のワイルドな演奏を紹介する。曲が終わったら「射撃場で拾った
不発弾を土産に持って帰らないように」と米兵に警告する。そん
なアメリカ文化の矛盾を楽しんでいた。「不発弾を居間に飾る米
兵とはいったい……」

1995 年の別れ

　90 年代に紀光と最後に会ったのは、1995 年 3 月 23 日の夕方
だった。それはオウム真理教による地下鉄サリン事件のたった 3
日後だった。大丸ドヤの正面に立って、紀光にお別れした。「こ
こを去ることになってすまない」と言った。紀光は、「人生は出
会いと別れに満ちているから、そんなことを深く考えすぎても仕
方ないのだ」と答えた。

「イギリスに戻って、論文を書かなくちゃいけない」

「わかった、トムさんがノーベル賞をとったら、ニュースに注目
するよ」

「残念だけど、人類学にノーベル賞はくれないんです」

「じゃあ、ノーベル平和賞だよ。暴力に満ちたこの街に平和をも
たらしたから」

「また馬鹿なこと言って。私は寿町にとって何の役にも立ってな
いよ」

「いや、役に立ったよ！」

「それじゃ、イギリスまで会いに来てくれる？」

「もう、バラの香りを感じてる」[4]
「飛行機代さえ出してくれれば、あとは私に任せて、ビールも込みでね。航空券は安くなってるから、往復8万円にもならない。ちょっと節約すればいい」
「馬券を一度当てるくらいだね！」

　それが紀光との最後の会話だった。二度と彼とは会わないだろうと思いながら、私は寿町を後にした。

4　"I can already smell the roses."　英語と日本語のちゃんぽんで会話したと思う。

再　会

　ところが、寿町の日雇い労働者はそう簡単に死ぬものではない。数年間が経った。私はイギリスに帰った。博士論文を提出して認めてもらった。京都文教大学に就職して助手になった。東京大学に移って助教授になった。横浜の大学に移って何年かして教授になった。そうしてある日、2005年あたりか、ゼミ生たちを寿町のスタディツアーに連れて行ったら、また紀光を見かけた。
「おお、トムさん！　機能派になった？　構造派になった？　ポストモダーンかい？」

　泊まっているドヤは変わっていた。65歳を過ぎ、生活保護をもらうことになり、日雇いの仕事を探す必要がなくなっていた。でも2畳半の部屋は相変わらずえらく汚れていて、ほとんど息が吸えないぐらい空気は臭く、『現代思想』『世界』『理想』などのインテリ雑誌や古本屋で買った小説と学術書の山で畳が見えない。天井からふさふさしたクモの巣が下がっていて、白いカーテンのようになっていた。

　それから、また何回か、紀光と飲みに行くことになった。そして2007年になった。紀光は67歳。ほとんどアルコールだけで生きているものにしては、案外元気だった。彼の人生譚を聞くのは楽しいけど、聞いているのは私だけである。もったいないと思うようになった。ローリー・アンダーソンが歌う、"When my father died it was like a whole library had burned down." [1]　私

1　Laurie Anderson, 'World Without End' *Bright Red* (1994) より。

の父が死んでしまったとき、図書館が全焼したようだった。

　いつか、西川紀光は亡くなるだろう。その時一大図書館が全焼するということになる。もったいない！

　2000 年、山谷の日雇い労働者の「大山史朗」が日頃の思索を綴ったものが、開高健賞に選ばれ本になった[2]。2005 年には英語版が米国のコーネル大学出版から出た。英訳のタイトルは*A Man with No Talents*[3]（無能な男）だった。大山さんは自らを「無能だ」と言うが、表現力があり、日本の大都市の底辺を鋭い目で見つめている。紀光も、自分のことを「負け犬」や「プータロウ」と謙遜気味に言うが、大山さんに負けない切り口で社会・人生を見ているではないか。彼は寿町の「大山史朗」になりうると思った。

　しかし紀光は字は上手いが、物書きはしない。自己イメージは writer ではなく、reader である。自分の言葉を他人が読みたがるとそもそも、思っていない。私が書くしかない。

　幸い、不確定性原理を教えてもらった喫茶店「亜歩郎」はまだ営業中。半年ほどの間、週 1 回程度、紀光をそこに連れて行って、私はコーヒーを、紀光は焼酎を注文して、3 時間ぐらい話し合いながら、私は必死になってノートパソコンに入力した。家に帰ると紀光が取り上げた思想家や作家の情報をネットで調べた。それは私にとって一つの教育となった。私は紀光に追いつくために最善を尽くした。そして、前週のトピックについての質問を用意し

2　『山谷崖っぷち日記』（阪急コミュニケーションズ、2000 年）。「大山史朗」はペンネーム。

3　Oyama Shiro, *A Man With No Talents: Memoirs Of a Tokyo Day Laborer* (Cornell University Press, 2005). 英訳の担当は、『山谷ブルース』（洋泉社、1998 年）で知られているエドワード・ファウラー（カリフォルニア大学教授）。私ギルのドヤ街調査仲間です。

て、紀光の聞き取りに臨んだ。彼は私の作ったメモを読むと、かなりの修正を加えた。私は、自分の話を最低限に抑えて、説明を求める、あるいは話を続けるように促した。紀光が Dr. ジョンソン [4] だとしたら、私はそのボズウェル [5] になりたかった。Dr. ジョンソンの大ファンである紀光もそのアイデアを気に入った。

　紀光は人生、政治、哲学、量子力学などを語った。メモの編集は最小限にし、様々に飛躍する話の連鎖をそのままに残した。読者にも紀光の話を聞く経験が共有できるようにと。いわゆる「雑談」のスタイルをとりたいと考えた。スケッチブックも用意し、たまに紀光はイラストも描いた。そして話し合いの際、何か出来事があれば、それも記録した。

　それらをもとに、以下の文章をまとめた。これで西川紀光の人格、ものの考え方はだいたい分かるはずだ。

　見逃された天才？　それとも、ただの酔っ払ったジジイ？　読者のあなた、決めてください。

4　Samuel Johnson (1709-1784). イギリスの小説家、評論家、言語学者。史上初の英語辞典を作成した文豪。単に Doctor Johnson と呼ぶこともよくある。
5　James Boswell (1740- 1795). スコットランド出身の法律家、作家。伝記文学の傑作と評される『サミュエル・ジョンソン伝』の著者として知られる。

2007年、紀光の証言

テッポウで故郷へ

2007 年 2 月 3 日の聞き取り

　私の名前は西川紀光。にしかわ・きみつ。生まれは 1940 年、昭和 15 年。ジョン・レノン、アル・パチーノ、ピーター・フランプトン、ラクエル・ウェルチ、ジャック・ニクラウス、相撲の大鵬と同じ年ですよ[1]。親は大げさな名前を付けた。戸籍にある正式な読みは「ノリミツ」となっていて「この世紀のひかり」というつもりで付けたと思います。ナショナリズムの時代で、ちょうど神武天皇の 2600 周年。ダークエージ（暗い時代）ですよ。私はその名前は嫌い。若いとき、占い師に縁起悪いと言われました。「川」と「紀」は画の数は 3+9=12、でそれは life が悪い、ノイローゼになりやすい、結婚しにくい、ということで。

　「西」も問題ですね。仏教の空（くう）の思想では悪いものはすべて西から来ますからね。西は日没の方向だから、世界中で死者の世界は「西」にあるとされる。川を越えて、ゴン・ウェスト[2]。ダライ・ラマも空の問題に取り組んでいます。私はこんな問題に興味ありますよ、奇妙な弁証法です。「空そのものは文句無しに実存しているか」。面白おかしい問題ですね。G.K. チェスタートン[3]

1　ピーター・フランプトン（イギリスのロックスター）は 1950 年生まれ。それ以外は確かに 1940 年生まれ。

2　イギリスの古い俗語で "gone west"「西に行った」は「死んだ」という意味である。また、「川」は仏教の三途川、古代ギリシアのステュクス（Styx）川等、生者の国と死者の国の境界線になる。このような川が世界の民俗信仰に多々ある。

3　G.K. Chesterton (1874-1936). イギリスの評論家・小説家・詩人。保

もそれなりにその問題に取り組んでいました。独特なユーモアも
あってね。だからこそチェスタートンは東洋で人気があると思い
ますよ。彼の死刑論は面白い。「死刑反対であれば、刑務所の外
で叫んだりするのではなく、刑務所に入って、死刑になる人と抱
き合って、涙をぼろぼろ流して『あなたは死ぬべきではありませ
ん！』と言うべきだ」と。つまり実践主義ですね。人間ひとりひ
とりに注目するという意味でね。

　港湾労働をやっていたとき、チェスタートンの名前を FEN の
ピート・スミス・ショーで何回か聞いて、なんとなく読もうと思
いました。子供のとき、ブラウン神父の探偵ものを読んでいまし
たが、今度は評論を読むようになって驚きました。アナロジー、
アレゴリー、たとえ話がすごいですよ。笑いますが、納得します
よ。推薦ですね、チェスタートンの評論。

　最近65歳を超えてから、友達がどんどん亡くなっているよ。
武藤くんが死んだし、林くんも死んだ。弟は62歳でタクシーに
はねられてしまって死んだ。親はとっくに死んで、故郷に残って
いるのはお姉さんだけ。だから最近、実家に帰りたくなるのは当
然ですよ。

　熊本市近郊生まれですが、戦争のせいで山鹿⁴という山村に疎
開した。山の中の盆地ですよ。中日ドラゴンズの江藤愼一選手、
宝塚の上月晃とかの故郷。今の農林水産大臣の松岡利勝ちゃん⁵

守派でカトリック教徒。日本では『ブラウン神父』という探偵小説シリー
ズで最も知られている。死刑に関して「国家ではなく群衆がやるべき」と
いう発言が有名。
4　熊本県北部の山鹿（やまが）市。豊後街道沿いにあり、水運都市としても
栄えた。温泉が湧き、千人風呂として有名な公衆浴場さくら湯は 2012 年
に当時のままに再建された。歴史的な建造物なども多い。
5　松岡大臣は熊本県阿蘇市出身。この話を聞いた 3 ヶ月後、07 年 5 月

山鹿温泉さくら湯、1955 年頃　© 熊本日日新聞

もね。私は大臣のキャラクターは山鹿的で大好きです。田舎者の性格です。山崎拓さん[6]とか防衛大臣の久間章生さん[7]、九州北部は変った政治家が多い。久間だって、元気よくアメリカを批判するでしょう。でも笑いながら言うから憎めないですね。本音を言う。ちょっと馬鹿。溺れているとき、水を飲むというか。いいんじゃないでしょうか。

　先日、ふるさと山鹿に帰りました。65歳を超えてから突然故郷が気になりまして、5回ぐらい里帰りしています。酒は飲みすぎだし、死が迫ってきたじゃないですか。だから死ぬ前にいっぺん国に帰って、お姉ちゃんを見て、懐かしい山のピーク（頂）、その美しい自然を見たかった。そうすると、横浜に戻って安心して死ぬことが出来ますからね。それを見ないで死ぬというわけにはいきません。お地蔵様など小さな神が「お前は一度国に帰れ」と言っている感じでした。感興ですね、瞬間の気持ち。感興がわけば、それはもう、すぐ行くしかないでしょう。でも慌てて出たわけではないよ。念のため、出発する前にハンコとか書類を部屋から持っていきました。

　九州に帰る行き方は相当なオペラシオン、「テッポウ」で行きます。乗る時は隣駅までの切符を買って、それで何とか遠くまで行くというノウハウ。多くの人はその技を「キセル」と呼ぶが、寿町の俗語では「テッポウ」です。駅で銃の球のようにさっとゲー

28日、金銭的なスキャンダルの関係で自殺してしまった。戦後日本で大臣が自殺するのは初めてであった。紀光曰く「松岡は不器用。自分で自分を追いつめているという感じ。金権政治なら他の政治家も皆やっているのに。世渡りが下手。田舎者が大都市に出るときはずるいことをもっと上手くできるようにならなきゃ」。

6　中国・大連生まれ、福岡育ち。

7　長崎県南島原市生まれ。

トを出入りするから。平塚競輪の友達に教えてもらった。競輪場の最寄の駅でさっと改札を出る。で、当たれば、後で駅員にチップ、5000円でも。慣行ですな。当たっていない人は帰りもテッポウで乗る。

　寿町から山鹿に行く場合、まず200円ぐらいの切符を石川町駅で買う。その200円で静岡あたりまで行きます、各駅停車で。そして無人駅を探して、そこで降りますよ。誰もいないから、駅のホームで寝る。次の日は自動販売機で酒を買って、また200円の切符を買って、今度は豊橋まで行きまして、酔っ払って切符を無くしてしまったと言って、その先の岐阜県内の同じく無人駅で寝て、朝、また切符を買います。今回は大阪まで行って、大阪駅で降りまして、「俺は西成[8]の者で高槻で寝坊してしまった、そして酔っぱらって切符を無くしたんだ」と。そういう人は大阪にたくさんいますから、すぐ信じてくれますよ。

　今度は難波までバスに乗って、釜ヶ崎へ行く。西成はいいですね。昔一年間ぐらいあそこに住んでいました。高等学校を出たばかりで、自衛隊に入る前の若いとき。寿よりアットホームだし、西日本の人がいっぱいいて、九州の人も多いですよ。お互いのことすぐ分かるよ。「お前は熊本の人間だね」とか。

　大阪は柄が悪いというイメージだが、しょうがない。3大ドヤ街は皆だいたい同じだが、釜ヶ崎は山口組の縄張りだから、ちょっと雰囲気が違う。寿のヤクザより怖い。ちょっとしたことで人を殺す。でもやはり大阪には人情もある[9]。私が泊まっていたドヤ

8　大阪市西成区にあるドヤ街、釜ヶ崎のこと。
9　紀光は演歌「釜ヶ崎人情」（三音英次、1967年）を連想している。「ここは天国、釜ヶ崎」という歌詞もある。翌年、岡林信康が「山谷ブルース」を発表した。この2曲はだいたい日雇い労働者に愛されている。

のおばちゃんはカレーライスを作ってくれた、仕事から帰るたびに。

　西成では最初は日雇いではなかった。会社員で配管工の仕事をしていた。仕事と会社、ともに嫌いだった。大雑把な仕事がいい、バナナを運ぶとか。配管工は細かい仕事で、嫌だね。6ヶ月ぐらいでやめた。でも難波はよかったよ。映画、もんじゃ焼き、良かったですよ。

　西成に行くと三角公園あるいは難波駅前で野宿したりします。難波まで歩くのは時間潰しにちょうど良い距離。そしてまた電車に乗ります。姫路までテッポウで行って、一泊駅前で寝る。そして200円で今回は九州まで。途中で何回か降りて、駅員の行動を見まして、次の便を待ったりします。とにかくテッポウのポイントはまともな運賃を払わないこと。まともに運賃を払うのはぜんぜん面白くないでしょう。だって、相手は権力者でしょう。権力者に抵抗しなきゃならないでしょう。

　熊本で降りました。山鹿までは電車はないですよ。昔はありましたが、九州は台風など多いから線路がめちゃくちゃになって経営できなくなっちゃった。だからバスに乗って、最後の35キロはテッポウ無しで山鹿まで、1時間ぐらい。

　30年ぶりの山鹿は随分変っていましたよ。でも本質的には何も変っていません。革命があったわけでもない。悟りが開かれたわけでもない。ただ自分の姉が年を取っていた。そして仲間がたくさん亡くなっていた。景色は多少変っていました。でも川[10]

10　菊池川。かつてはこの川の水運で山鹿は栄えた。「なかなか汚い川ですよ。町はなにかしてくれなきゃ」

Familiar peak　震岳（ゆるぎだけ）

はまだ流れていました。Familiar peak（懐かしい山の頂）がまだありました。

　昔の高等学校を見に行きました。チャールズ・ラムの詩「古い顔」[11] を思い出しました。彼も数十年振りに学校に行きました。校庭には知る人は一人もいなかった。読んで感動しましたよ。そして私の高校も、友達いっぱいいたけれど、今は一人もいませんでした、もちろんだけどね。初めてラムの詩を読んだのはずっと前ですが、回想がすばらしいと思いました。仏教的な香りがあると思いました。

　町の方は「ゴーストタウン」ですよ。まるで映画のセットという感じで、町並みはあるけど人間はいない。火山地帯の温泉町ですよ。昔、千人風呂に入るのは 2 円でしたよ。旅館の浴場とかパブリックバスはせいぜい 5 円だったし、人がたくさんいましたし、子供があちこち走ったり、若い男女が遊んだり。でもいまは誰もいない。幽霊が出てもおかしくない、ゾンビの町ですよ。政治家は何でこんなことを許せるのでしょうか。農村のことはどうでもいいと考えているのか。農産物はアメリカから輸入すればいい、木材はインドネシアから、田舎はゴルフコースだけ。

　姉ちゃんとその息子以外は知っている人は一人もいない。初めてテッポウで行ったとき、数人の友達の家に行って、ノックしましたが、一人も出て来ませんでした。あまり時間がなかったからしつこくはしませんでしたが。アーネスト・ヘミングウェイのよ

11　Charles Lamb (1775-1834). 'The Old Familiar Faces' より "Ghost-like I paced round the haunts of my childhood... Seeking to find the old familiar faces... all, all are gone, the old familiar faces...."「幽霊のように幼時の場所を歩き回った……懐かしい古い顔を捜して……みんなみんな今はいない、ああ、なつかしい古い顔 」

うに1ヶ月ぐらいホテルに泊まって葉巻を吸って調べる余裕があれば良かったけど、帰りのテッポウを意識していました。一人ぐらいは家にいたようですが、ドアまで来ませんでした。つまり彼らは死んだ人のようなもの、ミイラのようなもの。しかも私はレヴィ＝ストロースのような偉い学者じゃなくてただのテッポウ・トラベラーですからね。あそこは外国という感じです。それなら寿町はまだまし、まだ生きている町だから。山鹿はどんなゾンビが出るか分からないからね。

山鹿にある八千代座[12]

12　明治43年建立の立派な芝居小屋。国指定の重要文化財。山鹿の商人が財を集めて建てた。紀光はここでバレエ『白鳥の湖』を見たという。「ミスマッチなのが山鹿的で面白い」

　姉は 30 を越えた息子と二人暮らし。旦那は 4〜5 年前亡くなりました。まず公営温泉から電話しました。タクシーの手配もやってくれました。着いたらもう夜の 11 時だった。もっと早く着くはずだったけど、熊本は懐かしくて、つい飲んでしまいましたよ。家に着いたら、姉と甥は懐中電灯を持って出てきました。「いらっしゃい」と言って。いい感じだったよ。しかし甥はそれっきりで、2 階に行って二度と見ることはなかった。悪い人間じゃないと思いますよ。私が悪かったですよ、ぶっきらぼうで突然プータローの格好して現れたから。しかも夜遅く。

　熊本で買ったクラッカーをあげました。そして姉と世間話をしました。姉ちゃんに言いました。「死ぬ前に一回姉ちゃんと話したかった、土産話をしたかった、山を見たかった」。外面的な話をしました。「姉ちゃんは幼稚園の園長になって、すばらしい」とか、「立派な家を建てて良かった」とか。私にとって姉は卑弥呼様のような存在ですよ。私のことの詳しい話はしませんでした。私はルーザーだとお姉さんには分かりきっているから。彼女に「どうやって運賃を払ったか？」と聞かれて、「いや、テッポウで」と答えても、分からなくて、説明せざるを得なかった。結局午前 3 時か 4 時まで話したよ。そして布団を敷いてくれました。次の朝、帰りました。姉は 5 万円くれましたよ。「あなたはお金がないでしょう」って。高校時代は仲が悪かったけど、よくも私の面倒を見てくれました。

　里帰りは死ぬ前の一回だけだと考えていたが、つい癖になった。初回の山鹿テッポウは一昨年の盆、8 月。この前が 6 回目のテッポウで、うち 3 回ぐらい姉を訪問している。65 歳を過ぎてから、急に姉を訪問することになった。姉はいつも親切だけど、この前行ったとき「変な格好の男が家に来ていると近所の人が話してい

るから、もう来ないで」と言われました。「分かりました。じゃ、
この辺で」と言って、去った。

＊

　テッポウは大変ですよ。駅でばれたときは走って逃げるしかな
いです。65を超えるとさすがに無理がある。もう体力がないから、
多分これ以上はしないだろう。

5歳が黄金時代

2007年2月17日の聞き取り

　3日前、酒を飲んで中華街を歩いていました。そうしたら、3人の中国人男が来まして、関帝廟[1]はどこか、聞いた。説明しているうちに、寄ってきてちょっと押されたりしました。部屋に戻ったら財布がなかった。彼らは陰険な顔でいかにも悪党という感じだったから疑えば良かったが、証拠はないですよ。途中で落としただけかもしれません。私が悪い。いい教訓でした。部屋に5千円あったが、それだけで凌いできました。ここ3日間ずっと部屋にこもっていました。酒も飲めませんでした。今日やっと一番安い酒を買った。

紀光に1万5千円を貸した。そして子供時代の話を求めました。

　熊本県熊本市で生まれました。ゲシュタルト[2]のような記憶しかありません。1940年で戦争の真最中、極端な時代ですよ。王貞治もその年生まれましたよ。アメリカは何でヨーロッパ戦線に参戦したかな。でも、しなかったら、ヨーロッパは一大墓場になっただろう。

　お姉さんに乳母車で裏山に桜を見に連れて行ってもらったこと

1　横浜中華街にある関羽の寺廟。
2　詳細を忘れ、パターン化した記憶。

があります。道の反対側から鉄砲を持った兵隊の列が来るのが見えた。お姉さんは乳母車を道の脇に寄せて、兵隊たちが通り過ぎるのを待ちました。兵隊を見て、気持ち悪いような、不気味な、怖い感じがした。「殺されるんじゃないか」と思いました。

　たぶん最初の記憶は 3 歳の時。坪井川の向こう側に国鉄の線路が見えた。そこを汽車が走って、いったいどこまで行くのかなと思うと、楽しかった。私は覚えていないですが、お姉さんなどの話によると一度私は線路を歩いて迷子になった。警察とか消防団、みんな捜していたらしい、私には全然そういう記憶はないけど。好奇心はありましたね。小さいときから旅が好きでした。バッタとかカブトムシを探しに行ったり。随分歩いていたらしいよ。旅に関して潜在意識があったかも。

　ある日、川の向こう側に火災があった。人の家から火が出て、驚きました。ショックでした。こんなに確実なものが突然消えてしまうなんて。それを見て「家に残ってもろくなことはない」と。「これなら動いた方がいい」と。3 歳で、まだ平和なころでした。ある日、母ちゃんと一緒に銭湯から帰っていたとき、でかい戦車を見ました。すごい音を出していた。「こういう恐ろしいものがあればアメリカに勝てるかもしれない」と思った。

　5 歳の時、熊本から山鹿に引っ越した。いきなりだった。私の意見を出す暇がない。子供だからものを言う権利もない。トラックが来まして、荷物を積み上げました。「あんた、上に乗れ」という感じ。「こういうことがあっていいのか」と思った。「まぁ、爆音が時々聞こえるから、町から逃げるのはしょうがないか」とも思いました。多分 1945 年で、米軍の空襲がだんだんと激しく

なっていた。4 月あたり、熊本の大空襲[3]があって、500 人ぐらいの人が死んじゃった。やはり、山鹿に避難して良かった。親父の判断は正しかった。

　山鹿では憲兵隊が町を歩き回って検閲したりということはしていなかった。戦争で疎開をさせられたけど、暴漢に襲われたり物を盗られたりすることはなかった。戦闘機や爆撃を、被害の受けないところで見物しているのは楽しく、一種の娯楽のような感覚がありました。

　お父つぁん はとてもスマート（涙）。親父のような人間になりたい。熊本の近くに江図湖という湖があって、親父はそこでボートに乗ったりして、格好良かった。マラソンも得意でした。スポーツの人間です。鎮西高校という、国士館みたいな、右翼的なスパルタ教育の高校を卒業しました。彼は自分のお父つぁんにおんぶしてもらって、安田銀行に入ることが出来ました。

　昔の侍の一家の銀行ですよ。父の父は熊本のちょっとやくざっぽい人というか田舎の侍というか、江戸時代生まれでした。いつも袴を着ていました。それで父は戦争に行かなくて済んで、かなり助かりました。だって、当時男はみんな戦争に行っていました。「戦争反対」と言ったらすぐさま逮捕されて殺される時代ですよ。

　母さんは大規模農業の地主の娘だった。篤農家、といっても、戦前の話で農業は手作業。いくら裕福な家族でも大変ですよ、百姓はやるもんじゃないですよ。母の姉さん（長女）は農家に嫁に行って、35 歳ぐらいで肺結核で死んでしまいました。葬式は良く覚えている、三日三晩つづきました。母さんは父親と結婚した

3　1945 年 7 月 1 日。死者 469 人、負傷者 552 人、焼失家屋約 11000 戸。

父と紀光

際、生まれた家と縁遠くなりました。そういうしきたりだった。戦争のせいでお姉さんの家族と連絡取れなくなった。戦争は家族を物理的に破壊させるよ。

　1972年あたり、親父が死んだ、62歳で。私は32歳ぐらいだったかな。ストレスと酒で若死にしてしまいました。熊本大学病院にいましたよ、最後は。私は長男ですから1ヶ月港湾労働を休んで熊本に行って親父の面倒を見ました。でもいつまでも看病するというわけにいかなかった。私も仕事したかったし、酒を飲みたかった。それで母さんに申し訳ないけど、バイバイ、と。

　私は入院中のお父つぁんを看病する時でもポケットマネーでウイスキーを買っていた。ポケットに隠していたよ。そしてある日、母さんにばれて、大変怒られました、ビンタをくらった。母は酒の瓶を投げつけて壊した。「あんた、お父つぁんがシリアス・コンディション（重病）なのに酒を飲むなんて！」　それで、私は「そろそろ横浜に帰ろうかな」と思いました。私は酒を飲みたかったからね。で、お母さんに許可を得て、熊本大学病院をあとにして横浜に帰りました。その1ヶ月あとでお父つぁんが死んでしまった。お父つぁんは酒が好きで毎日飲んでいましたが、それは死因ではない。癌だった。全部戦争が悪かった。戦争のストレスで親父がおかしくなったんじゃないですかね。いつも逃げていたから、ストレスになってしまったと思いますよ。

　今の人間には退行現象があると思います。真実のことから逃げてしまう。一番悪いのは権力、国家。国家のせいで解決不能の不条理と不合理が生まれました。これはやはり20世紀の最大なテーマですね。本当にリラックスした生き方、安心な生き方ができなくなったからね。今だって、北朝鮮がいつ日本に原子爆弾を投下するか分からないでしょう。不安な、フランツ・カフカのような

気持ち。カフカはヒトラーが政権を取る直前にうまく亡くなりましたね。1927年あたりか[4]。

　お母さんの話は苦手です。3歳になって母さんと切り離されました。同じ家に住んでいますが、だんだんと母さんとの関係が弱くなります。乳離れというか。ヨーロッパでも同じでしょう？

59頁の写真の裏に紀光のイラストがあった。内容の仔細は不明。

4　Franz Kafka (1883-1924). 『審判』『城』『変身』など、妄想的な作品は有名。

家庭内のロールプレー、役割分担。お爺さんとお婆さんによって育てられました。母さんは家事とか買い物して[5]。大事ですよ、爺ちゃん婆ちゃんの存在。今の家族だとほとんど別々に暮らしているじゃないか。ダメですね。その知識がもらえないしね。爺さんがいて良かったよ、私の場合。

　私の先輩たち（太平洋戦争の世代）がやったことがいいとは言いません。でも今はもっと恐ろしい。人を簡単に殺すじゃないですか。新しい思想が必要だと思います。

　爺さんはすぐ死んじゃったけど、右翼的な人でした。戦争で負けて、爺さんは熊本から山鹿に歩いてきました。杖で、荷物を背中に背負って。ぼろぼろで、「助けて」と。しかし 3 日間ぐらいで死んじゃった。戦争で疲れ果てていたんじゃないか。爺さんもお父つぁんも短命。運命というか、DNA じゃないか。ロナルド・レーガンは 93 歳まで生きていたけどね。チャールズ・ブロンソンは 82 歳。そういうすさまじい生命力はうちにはないですね。金があると長生きするのか、J.K. ガルブレイス[6]も 90 歳を過ぎたよね。

　爺さんが家に来たとき、お袋がいましたが、あまりいい顔しなかったよ。変な目付き。食料がないのにもう一人家に住むから困ったのかな。しかしあまりにも変な表情だったからそれだけではないかもしれない。ミステリアスなフェイスでしたね。見てすぐ「困ったな」と私は思った。「いやだな。何か起きるかもしれない」。子供の直観ですよ。Atmospheric（雰囲気）で、looks nasty（嫌な

5　紀光のお姉さんによると、女中を雇い、母は教職の仕事に出ていた。戦争が激しくなり、女中を雇うことを白い目で見られる時代、母は学校を辞め、家事に専念した。

6　J.K. Galbraith (1908-2005). カナダ人の経済学者。

様子)と思いましたよ。当時、お婆ちゃんはもう死んでいました。
戦時中に死んだと思います。

　爺さんは特に怪我などはなかったが、「私はここでは迷惑だ」と
いう気持ちで死んだんじゃないでしょうか。はた迷惑という感じ。
これなら熊本に残って米軍基地に物乞いをしに行けば良かった。

　当時子供3人だったし、4人目が生まれそうだった。食料はな
いですよ。そこで爺さんはやはり邪魔ですよ。「よくも戦争を生
き延びたなぁ」という感じ。役に立たない、飯を食うだけ。今の
私のようなもの。「化生のものは人に姿が見られないところに消
えて行く」、仏教の言葉です[7]。

　私の黄金期だったね、5歳まで、熊本に住んでいたとき。お父
つぁんは銀行員だし、爺ちゃん婆ちゃんに育ててもらっていたし。
米軍の空襲がまだ始まっていないし。線路を次の駅まで2千メー
トル歩いて、3歳でね。ランブリングマン(Rambling man. 放
浪者)[8] の DNA があったでしょう。

7　紀光に説明を求めたら、「例えば、象が死んだところ、誰も見ていない。
猫が死ぬところ、犬が死ぬところ、見たことないでしょう。不思議」。
8　オールマン・ブラザーズ・バンド、1973年のヒット曲に 'Rambling
Man' がある。"I was born a ramblin' man. Tryin' to make a livin' and
doin' the best I can."(オレは生まれつきの放浪者。なんとか食いつなご
うと精一杯なのさ。)

幼少の頃の紀光

　私が影響された人にはグル中沢（中沢新一[9]）とかコリン・ウィルソン[10] がいる。あとはヘルマン・ヘッセ[11]、ジョン・スタインベック[12] とかサマセット・モーム[13]、ドストエフスキーのシベリア抑留の話[14]。一貫性はないですよ、教育がないから。

──日本人のヒーローはあまりいない？

　いますよ。おやじ。グル中沢。あと港湾の立派な組長、名前の分からないヒーローですよ。彼らは本当のヒーローですよ。でもアンソニー・イーデンとかエドワード・ヒースも好きだけど。イーデンはかっこいいじゃないか。イーデンはスマートで、サビル・

9　1950 年生まれ。宗教学者、評論家。2011 年より明治大学野生の科学研究所所長。チベット密教の修行の経験をもとに書かれた現代思想の書『チベットのモーツアルト』（1983 年）で注目され、その後も現代を代表する思想家の一人として、縦横無尽な評論活動を続けている。紀光は尊敬して「グル」と呼ぶ。

10　Colin Wilson (1931-2013). イギリスの労働者階級の思想家、小説家、オカルト研究者。24 歳で出版した『アウトサイダー』(*The Outsider*, 1956) でイギリスの実存主義に大きな貢献。

11　Hermann Hesse (1877-1962). ドイツの小説家、詩人、画家。『荒野のおおかみ』(*Der Steppenwolf*, 1927)、『ナルチスとゴルトムント』(*Narziss und Goldmund*, 1930) 他。

12　John Steinbeck (1902-1968). アメリカの小説家。『怒りの葡萄』(*The Grapes of Wrath*, 1939)、『エデンの東』(*East of Eden*, 1952) 他。

13　Somerset Maugham (1874-1965). イギリスの小説家、劇作家。『人間の絆』(*Of Human Bondage*, 1915)、『月と六ペンス』(*The Moon and Six-pence*, 1919) 他。

14　Fyodor Dostoevsky (1821-1881). ロシアの小説家。1849～1854 年、シベリアのオムスク市にある強制労働収容所で服役。その経験をもとに『死の家の記録』(*Zapiski Iz Mertvogo Doma*, 1862) という小説を書いた。この作品で、強制収容所はロシア全体の隠喩になった。おそらく紀光の「寿町＝壁のない収容所」という考え（22・25 ～ 26 頁）に影響を与えている。

ロウ[15]の宣伝に出てもおかしくないし、ヒースは偉大な音楽家
ですからね。フランシス・チチェスター[16]とかロビン・ノックス・
ジョンストン[17]、海と闘う人間はいいですし。イギリス人には
多いですよね。

　グル中沢はオウム真理教の問題で批判[18]されたけど、学者に
は一つぐらい間違いをしても許されてもいいじゃないかと思いま
すよ。ポール・カンメラーというオーストリアの生物学者[19]は
ウイリアム・ベイトソン[20]に批判されて自殺しましたし、ジョー
ジ・オーウェル[21]とかアーサー・ケストラー[22]はさんざん非難

15　サヴィル・ロウ（Savile Row）は、ロンドン中心部にある高級紳士服
店が並ぶ商店街。「背広」という言葉の語源となった。
16　Francis Chichester (1901-1972). イギリスのヨット乗り・冒険家。
1966〜67 年に一人乗りヨットで世界で初めて世界一周を成し遂げた。著
書には『孤独の海と空』がある。
17　Robin Knox-Johnston (1937-). イギリスのヨット乗り・冒険家。単独
無寄港での世界一周を世界で初めて成し遂げた（チチェスターは一回だけ
シドニーに寄港した）。著書に『スハイリ号の孤独な冒険』。
18　地下鉄サリン事件前にオウム真理教や麻原彰晃を擁護していた、また
著作、特に『虹の階梯』がオウム教徒に愛読されていた、ことなどからマ
スコミ、学者らから批判を受けた。
19　Paul Kammerer (1880-1926). ラマーク派生物学者。ガマ等の実験で
獲得形質の遺伝を証明しようとしたが、実験に不正行為があると指摘され
た後、自殺。
20　William Bateson (1861-1926). イギリスの遺伝学者。カンメラーの一
番強い批判者。Gregory Bateson (1904-1980) という有名な動物学者・人
類学者の父親。
21　George Orwell (1903-1950). イギリス人の小説家、評論家。『1984 年』
『動物農場』。社会主義者だったが 1949 年、イギリス政府に自分が作成し
た共産主義者の名簿を渡し「友人を裏切った」という説がある（異論もあ
る）。
22　Arthur Koestler (1905-1983). ハンガリー出身の小説家、哲学者。安
楽死推進など、批判される事柄は多い。

されているではないか。

　グル中沢は熱心ですからね、たくさんの本を出版して。実践的だし。神話には詳しいし。一番好きなのは『チベットのモーツァルト』とか『はじまりのレーニン』『バルセロナ、秘数3』『緑の資本論』。これらがコアじゃないですか。対称性・Symmetry の考え、抑圧された、潜在的な、無意識な、流動的な知性、これらがキー・エレメントじゃないでしょうか。

　対称性[23] について言いますと、遠くから見たら、人間と人間の間、人間と動物と植物の間に大した違いはない。人間は特に飛び出るほど偉いものではない。そういう面白おかしい観点がありますよ。3年間チベットに行ったから説得力があります。羨ましいですよ。私もチベットに行きたいけど、金がないから航空券を買えないよ。若いとき、19歳ぐらい、『朝日グラフ』にチベットの写真があって、ダライ・ラマ、パンチェン・ラマの写真もあった。誰にも言わなかったが、その時からチベットは憧れでした。中沢は本当に行きましたから「良くやった」と思います。ホームプレートにスライディングセーフという感じ。グル中沢は昔のチベットの有力なラマさんの再生ではないかと私は思います。

23　中沢新一の『対称性人類学　カイエ・ソバージュ V』（講談社、2004 年）参照。

中学生のころ

2007 年 2 月 25 日の聞き取り

　戦争が終わった日、よく覚えていますよ。今まで見たことない青空でした。感動的でしたね、子供の私にとって。凄く静かでした。針が落ちるのも聞こえるぐらい。空が青い、清らかに。今のような大気汚染はなかったよ。アメリカの爆撃機はない。それは終戦のありがたいことですよ。今の世代、武田鉄矢とか団塊の世代とか、そういう青い空を知らないでしょう。環境の破壊の中で生まれた世代だから。ポリューション(汚染)の世代。コンタミネイテッド(汚染された)世代。かわいそうですよ。私は水増しのポスト・アウシュヴィッツ(post-Auschwitz)世代。

　天皇のラジオ放送は聞きませんでしたが、後で週刊誌で読みました。当時、雑誌はほとんど戦争の写真だったよ。ドイツのパンツァー戦車の大健闘とか。後で、高校生になって初めてアウシュヴィッツのことを『サンデー毎日』で読みました。

　戦中と比べたら、親の顔はほっとした感じだった。やっと家族は平和、緊張感が緩んだ。いいときだったよ、多少子供喧嘩はあったが。

　親父は銀行をクビになって、食料配給営団で働いていた[1]。銀行を辞めたとき、珍しく酔っ払って夫婦喧嘩がありました。銀行を辞めたことでお母さんに言われて。

1　父は銀行を辞めたあと、戦時中は飛行機の部品工場で働いた。徴兵されなかったことを負い目に感じ、非国民と言われないように (お姉さん談)。戦後、食料配給営団で働いた。

　戦前から、うちのお父つぁんは 16 ミリ・プロジェクターを持っ
ていました。フランスのパセー社のもので、チャップリンのスラッ
プスティックとかそういったフィルムを持っていました。近所の
人たちのために上映会をやったりしていた。当時はラジオさえな
い家庭がたくさんあったから、めずらしいことでした。

　戦時中、家の映写会でニュースリールをよく観ていた。ドイツ
兵がパンツァーの戦車に乗ったりしてヨーロッパを占領する場面
がいっぱいあった。プロパガンダ映画でドイツ兵は皆どでかいブ
ロンドの男でした。戦争が終わったら熊本県に米兵が沢山来たが、
やはり背が高いブロンドの男が多かった。5 歳だった私に、ドイ
ツ兵と米兵の違いは分からなかった。先にヨーロッパを支配して
いたスーパーマンが今度日本を支配しに来たという感じだった。
区別がつかないのは仕方ないよ。

　戦争が終わったとき、5 歳で幼稚園に行っていました。幼稚園
は嫌だった、年長の子にいじめられたから。彼の名前はまだ覚え
ていますね。T君。会うことがあれば、ぶん殴ってやりたいです
ねぇ。そのあと、小学校に行きました。それも嫌いでした。最初
の一年間は大丈夫だったが。先生のほとんどは兵隊帰りで、とて
も暴力的。K先生とか。ちょっとした私語だけで、すぐばぁとビ
ンタ。刑務所のような感じ。女の子の髪の毛を引っ張ったら「い
けない！」と言って、罰。それこそいけないじゃないですか。罰
を与える前になんでやったことがいけないのか説明しなきゃなら
ないじゃないか。小学校は戦後の戦場ですよ。ポストウォー・バ
トルフィールド。当時の学校の先生は、米兵や役人などの前では
ペコペコしているが、彼らがいなくなると生徒にどなり散らした。

　民主化教育は決して面白いものではなかった。先生が本当に「民
主化」を理解して教育していたわけではない。うわべだけの理解

で教えていて、本当の教育とは言えなかった。日本がデマゴギ（扇動主義）の社会になったのは、そんな教育の結果[2]。政治家、文化人、インテリ、親、教師が、本当の民主化を分かっていない。日本人は「汗をかいて民主化を学ぶ」経験をしていないから。北朝鮮のようになることはないと思うけど、国民が本当の民主主義を理解し、きちんとした民主主義国家になるのか、ちょっと不安に感じます。

　でも学校にはいい友達がたくさんいました。4・5年生の時、隣にかわいい女の子がいて、彼女は後で宝塚の女優になりました。写真屋・文房具屋の看板娘。お姉さんはミス九州になったんですよ。その子は上月晃（こうづき・のぼる）。ステージネーム。彼女は教養がないから「昇」と「晃」を勘違いしてしまったよ。

　どきどきしました。教科書の裏から彼女を覗いていました。そっとね。サディストの先生に見られると大変なことになるからね。まるきり片思いでしたが。

　私は権力が嫌いですね。強圧的な先生とか神父とか。キリストとか仏陀はそういうことしないよ、本物の神は権力的じゃないですよ。

　不得意科目は算数。特に応用問題は苦手でした。数字だけならいい。得意科目は国語。漢字は好きだし、絵を描くのも好き。外で写生することがあったが、そういうときはなるべく早く、適当

2　紀光の戦後の民主化教育批判論を聞いてどうしても思い出すのは後藤明生の『挟み撃ち』（1973年）である。この小説は私が英訳した（*Shot By Both Sides*, Counterpoint, 2008）。後藤は朝鮮生まれだったが九州北部（筑後）で育った。主人公のモデルは著者で、紀光とずいぶん似た経験をしており、紀光と同様に民主化教育の矛盾・問題性を痛感している。

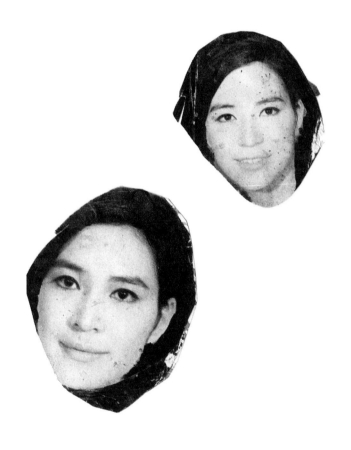

紀光のアルバムにある上月晃の写真
（古い週刊誌からの切り抜き）

に写生を終わらせて、友達と一緒に怠けて駄菓子屋に行ってラム
ネを買っていた。皆で金を集めてね。フィールドワークはいいで
すねぇ。

　でもだいたい小学校は地獄だった。退屈ですよ。私だけじゃな
いですよ、皆退屈な顔をしていた。世界中そうじゃない？　谷川
俊太郎[3] は全然学校行っていないですよ。金持ちの坊ちゃんで、
好きなときだけ寺子屋のような所に行っていただけ。学校制度そ
のもの、やめた方がいいですよ。戦争の時と同じ教科書を使って
いましたが、国粋的な部分は全部墨で消されていました。

　中学校は小学校よりも面白かった。山鹿中学校。私は色々の本
を読んでちょっと賢くなった。友達と一緒に面白おかしい遊びを
して、ときどき喧嘩もしましたけど。穏やかな先生、知的な先生、
兵隊の経験がない先生がいました。ちょっとアバンギャルドな先
生もね。戦争が終わってから少し時間が経っていたのが良かった。
成績は中ぐらい。10 番ぐらいになったときもあった。でもアル
バイトに時間をとられた。新聞配達。集金もさせられたよ。でも
映画をたくさん観た。小さい町だったけど 2 軒の映画館があり
ました。大映と松竹。大映はパラマウントとかコロンビアとかラ
ンクの映画を上映していた。松竹はメトロとかワーナーブラザー
ズ、20 世紀フォックス、東映など。水戸黄門。新聞に折込み広
告ビラを入れることを頼まれて、その代わり無料映画券をもらっ
ていた。フォックスは『ベン・ハー』[4] など、大げさな映画だっ
た。一つの映画館で月 3 枚の券を貰って、月 6 回映画が観られた。
本当はいけないけど。ある日、先生がすぐ近くに座っていた。困っ

3　詩人、1931 年生まれ。学校嫌いだっだが、高校も定時制に転校して、
卒業している。
4　1959 年のハリウッド聖書映画、チャールトン・ヘストン主演。

た！　ビンタかな？と思ったが、大丈夫だった。見て見ない振り
してくれました。

　映画館に行って、たくさんの映画俳優が好きになりました。
Trevor Howard, James Mason, Wilfrid Hyde-White, Marilyn
Monroe, Christopher Lee, Peter Cushing など。

　高校受験しました。It's a very special test. 手のひらに書いて
いきましたが、それはアートです。カンニングではないよ。試験
場に上月晃がいたから、よかったよ。オレに気があるかな、一緒
に高校に行けるといいなぁ、と思って、合格しました。もちろん
当時彼女は本名だった。有名になったけど、58 歳で亡くなった。
50 歳を過ぎるとちょっと顔がつらそうになったよ。腸癌で。何
年だったかな？　平成 11 年 3 月 25 日、夕方 5。

　山鹿高校に入りました。周りは美人ばかり。凄かったよ、ホル
モンがね。新聞配達が熱心になりました、特に集金はね。場合に
よって集金の時、その美人たちが見えたんですよ。払うのはだい
たいお母さんだけど、たまには後ろに娘が見えて、凄く赤面して、
顔が真っ赤。上月晃くんの家、H さんの家とかね、薬局の Y く
んとか。どうしようもない。色目を使っているとお母さんが気づ
いたら、大変なことだから、アンビバレントです。

　高校には彼女がいなかった。まぁ、いたといえばそれは上月晃
くんですか。ガールフレンドじゃないけど、片思いですよ。でも
いつもあちこち一緒に行っていました。くんと呼ぶのは、後で、
宝塚では男役だったからだよ。宝塚は自衛隊の女版ですね。男が

5　1999 年 3 月 25 日、上月晃（こうづき・のぼる）、大腸癌のため死去。58 歳。

「封鎖」されている、女だけの社会。女が男の社会を表現するのは悪いことではないと思う。ちょっとおかしいですが、非日常な世界ですから。

　あと、家具屋さんの娘、佐藤由紀子[6]とよく一緒に行動をとっていた。かまきりのような顔でしたよ、顔が痩せていて、彼女は本当に男っぽいよ。

　当時、学校の近くに丘があって、その丘に遊郭があって、たくさんのお寺があった。その近くに上月が暮らしていて、佐藤由紀子がよく遊びに

上月晃と佐藤由紀子

来ていました。ブラウンストーンの家でね。で、私は朝一番その前を通ると二人とも私に対して石を投げつけていましたよ。「出て行け」という感じで。怖かったよ、上月くん。高校2年で上月との縁が切れた。彼女は宝塚に行きましたから。佐藤由紀子は金持ちの家庭だったから、熊本の高校に行きました。

　二人とも消えまして、残ったのは私だけ。

　最近何回か山鹿に帰りまして、何回も家具屋さんの前を通りましたが、シャッターはしまっていた。彼女は美人じゃないからあまり興味ないけど。色々の能力があった、足が速いとか。武器は声。すごい声です。雑巾をちぎるような声。女は恐ろしいね、そういうところ。

6　仮名

SPRiNtAR

上月くんの友人はちょっと恐ろしい人だった

自衛隊に入って

2007 年 3 月 3 日の聞き取り

　天気は曇っていたが穏やかで、春がくる感じ。一緒に「亜歩郎」へと歩いている途中、紀光の友達が自転車でやってきて、笑いながら「おお、ヒトラーだ」と陽気に挨拶。それは紀光のあだ名らしい。「ああいう絵を描いているから」。

　学校の時の話。紀光はぜんぜん彼女が出来なかったと言った。
　散発的には女性に魅力を感じたけど、フィックセーション[1]はなかった。おばさんは今日ニコニコしているとか、あの婆ちゃんは 80 歳になっても可愛いねとか。でも女と話すことはなかった。男女関係は喧嘩のもとじゃないですか。イギリスでも、そうでしょう。距離を置くのは大事じゃないですか。

　上月のことに惚れていましたが。あんな美人は見たことがなかった。当時の雑誌には女の写真はなかったよ。ムッソリーニの顔写真とかばかり。彼女は Venus de Milo[2] のようなもの。神様。近づくのもいけない。

　当時デートという伝統はなかったよ。後で自衛隊に入って初めて女とかかわった。高校生の時はデート中の大人を見て、「いいね、あの二人は出来ちゃった」と。あと米兵はうらやましい、女遊びして。場合によっては問題を起こしても何も言われないし。

1　fixation. 執着。
2　ミロのビーナス。

　北イタリアで発見された化石みたいなものがあります。若い男と女が抱き合ったままで殺されたという感じ[3]。『サンデー毎日』で見たよ。イタリア人の考古学者が掘り出した。未成年でセックスしていたから石を投げられて殺された。社会秩序を脅かすから。部族が違うと恋愛は禁じられていたとか。それはものを言うと思いますよ。神の掟、父親の命令に抵抗してはいけない。やはり、父親の権力が強すぎるといけないですね。

マントバの化石

　しかし私の親は特に権力的ではなく、私は割合自由に育てられました。もっぱら絵を描いていました。特に軍事的な絵。米兵は理想的な人物像。バブルガムをくれたりしたし。私が絵本で知った古代ギリシャやローマの軍人と似ている姿。目が青くて、金髪。黒い髪の毛とか、黒人もいましたけど。

　学校は中・高とも共学。先生方はよく戦争の話をしました。一

3　2007年2月5日、イタリア北部のマントバ市の近くで発掘された化石。紀光の説明が当たっているか分からないが、若い男女で、燧石の鏃と刀が一緒に埋めてあった。

人は怪我していました。小指が一本なかった。つまらない戦争話をよくしていた。「またか」と思った。「負けたのに、何でこんなに自慢する」。あの戦争はある程度分かりますが、やっていたことはとてもじゃないけど……朝鮮人を誘拐してしまったりとか。

　将来の夢はなかった。今日明日生きられるといい、それで精一杯。毎日あほうダンス、まったなし。行き当たりばったり。経済的な問題がバックグラウンドにあって。ライオンに食われる前の鹿。将来を考える余裕はない。野生的な動物の生活ですよ。畜生の生活。

　しかし、金がないけど親の面子のため、高校に行きました。やはり、元銀行員の長男だから。父親が土方で母親が水商売なら、ああいう貧しさ[4]で生まれた人は普通ヤクザになったり犯罪者になるでしょう。遺伝的な部分もあるからね[5]。オールド・ベイリー[6]のセンターコートで終わってしまいます。ジョン・バンヤンの『天路歴程』[7]の主人公のように。悪い道を選んでしまうと罰、

4　お姉さんによると、家は貧しかったけれど、母は栄養に気を配ってバランスの良い食事を与え、子供たちが栄養失調にならず元気に育ったという。

5　この話は差別的だと言われてもしょうがないだろうが、紀光はしばしばこういう発言もした。世代間の関係性を必ず強調していたが、その形は3種類あった。(1) 政治的：社会階級制により、経済的に、教育的に恵まれていない家庭の出身者が出世するのは難しい　(2) 宗教的：生まれつきのカルマ（業・因縁）で親と同じような人生になる　(3) 医学的：受け継いだ遺伝により人生のすべてが決まる。紀光の発言はその表現によって進歩的、保守的、差別的に響くが、本人は言葉を適当に選んで、根っこにある「運命主義」を表現していたと思う。

6　Old Bailey. ロンドンにある、英国高等裁判所。正式には Central Criminal Court.「センターコート」はウィンブルドンのテニス場だが。

7　John Bunyan, *The Pilgrim's Progress* (1678). ドストエフスキーの『死の家の記録』と同じく、著者は「不適切思想」のために監獄に入れられ、そ

アメリカの場合は処罰、が待っています。私は新聞配達をやって、音楽を聴いて、あまり勉強しませんでした。親は私を大学にやる金はないから、半分ギブアップ状態です。「これはダメだな」と。フロイトが言う去勢状態 ですよ。パワーがなくなって、無気力に。私はそれに近い状態だった。

　高校で勉強する気はなかった。新聞配達と映画鑑賞と絵を描くほうが面白かった。おそらくこの寿町には私よりずっと苦しんだ人がいると思いますよ。才能があるけど、教育のチャンスがなかった。結局問題は経済ですよ。面子があるからそれを認めない人が多いけど。洗練された哲学的な理屈を付けるけど、結局問題は金ですよ。

　原子爆弾の爆薬があれば、私もいばることができるよ。力がない人は哲学者になるしかない。武器がないから画家とか詩人になるよ。アンディー・ウォーホル[8] のように無力の人にはそれしかないからね。日本人はだいたいそう。体が小さいしネゴシアチオン[9] の力もない。だから手先でものを造る。車とかコンピュータとか機械とか。体が小さいから。まぁ、国民性はありますね。インド人は計算力すごいですよ。ＩＴ産業ですごい活躍すると思います。

　高校を卒業したのは昭和34年、1959年。ベトナム戦争はまだ始まっていませんでした。ケネディーはまだ上院議員だった。

こで書いた作品。主人公の Christian（クリスティアン、つまりキリスト教信者の代表）はさまざまな危険をかいくぐり、City of Destruction（破滅の街、つまり地球）から Celestial City（天の都、つまり天国）に旅する。
8　Andy Warhol (1928-1987). アメリカ人のポップアート画家。子供のころは病弱で入院を繰り返していた。
9　スペイン語 negociación. 交渉。

アイゼンハワー大統領時代のダレス国務長官[10]のドミノ理論は根本的に間違えていたのに、ケネディーまでそれを信じてしまったね。それはケネディーの欠点だね。

　私とジョン・レノンは1940年生まれ、グル中沢は1950年、トムさんは1960年。計算しやすいですね。1ディケード毎でね。

　学校を出ると、とにかく給料が必要だと思って、自衛隊に入りました。

　面白かったよ。規律は厳しいけど、入っている人は私と同様、皆欠点がたくさんあったけど、仲はよかった。侍同士。ナイトのソサエティー(騎士の社会)。クルセイダー(十字軍戦士)のように。女性がいないからそういう理想的な社会ができる、瞬間的にでも。おかまという意味じゃないよ。でも、男同士の美しさは必要だと思います。女性がいないから、軍隊の生活は楽しい。酒を飲んでいいし、ただ言葉に気を付ければいい。上司は力が強いですから。

　戦争そのものはとっくに終わっていまして、実戦の見込みは特になかった。だから、「兵隊」より「ボーイ・スカウト」みたいな感じだったね。学校のクラブ活動みたいな感じ。「兵を百年やしなうのは一瞬のため」。関ヶ原の闘争でもそうでした。映画のセリフ「平和の時の兵隊はいいですよ、博打とか飲酒ばかり」。ジョージ・ペッパード[11]かな?

　佐世保の基地で基本訓練をやりました。平和の時、精神をリフレッシュするには兵隊になるのは最高ですよ。戦争はないでしょう、何かあったら、米軍は守ってくれるだろう、と。スポーツ・

10　John Foster Dulles (1891-1959). アメリカの共和党政治家。1953〜59年、国務長官を務める。

11　George Peppard, Jr. (1928-1994). アメリカ人の俳優。『ティファニーで朝食を』ほか。戦争映画にも多数出演。このセリフは見つからない。

クラブみたいな感じ。あまりにも堅い軍事主義はないし、米軍の
監察官がいまして、暴力とかビンタをしたら、すぐさまクビです
よ。安心でしたよ。お金をくれるし、月 6 千円。

　機関銃とかバズーカを使えるようになりました。すごい破壊力
ですよ。よかったよ。楽しかった。ちょっと男らしくなりました。
自分の決定に責任をもって。イギリスの王室の子達が軍人になる
習慣はいいと思いますよ。今の若者は軍隊に入ればいいですよ。
しつけがない、教養がない、しつけに厳しさが足りない。逆に暴
力団の子供の方がしっかりしていると思いますよ、皮肉にもね。
ヘマをすると殺されるからね。

　一日の訓練が終わったら、軍曹に引率されて、観光バスに乗っ
て、長崎とかその辺の景色を見ました。本当にボーイ・スカウト
の遠足みたいな感じ。佐世保での訓練は 6 ヶ月あった。基礎訓
練が 3 ヶ月で専門訓練も 3 ヶ月。私の場合はトラック運転。そ
れも面白くて、メリーゴーラウンドという感じ。最高ですよ。免
許は一発で取りました。長崎の公安委員会でとりました。手数料
は 350 円。民間でやれば 10 万とか 20 万はかかるよ。

　中隊長は質がいいけど、軍曹は質が悪い。土建屋、プータロ
ウ、パイレート（海賊）みたいな、バンディット（山賊）のような
存在。教養はない。酒は飲む。女は買う。部下を段る。Foolish
bastards（ばかやろう）だよ。でもそういう欠点があるからこそ軍
曹というものはある。ノーマン・メイラーの『裸者と死者』[12] と
かハーマン・ウークの『ケーン反乱』[13]、あるいはアメリカ人の

12　Norman Mailer, *The Naked and the Dead* (1948). 太平洋戦争の実際の
戦場の話で、軍曹は死んでしまう。
13　Herman Wouk, *The Caine Mutiny* (1951). 映画 (1954) は Humphrey
Bogart 主演。この映画では軍曹と艦長が企んで一般船員の敵になったと紀

兵隊が米憲兵隊に殺されるスロヴィク事件（あとでウィリアム・ブラッドフォード・ヒューイーの『エディ・スロヴィクの処刑』[14]でドラマ化された話ですが）。こういった話で分かるように軍曹はある意味では階級の裏切り者ですよ。労働者階級ながら、紳士クラスの将校に庶民の兵隊を密告する。でも戦争となると一番頼りになるのは軍曹。そういう軍曹のイメージは自衛隊にもありました。

　訓練が終わると北海道・札幌の真駒内基地に移った。Oklahoma National Guard の General Weber[15] がいたところ。以前、彼は朝鮮戦争[16] の先頭に立っていたよ。2年間ぐらい、昭和27年に撤退した。朝鮮戦争は本当に面白おかしかったですね。毎日、新聞とか雑誌で話とか写真があって、それを画鋲で部屋の壁に貼り付けて、面白がっていた。今日も北勢は南下したとか、今日は韓国軍が反発したとか。戦争は面白いですよ、自分の町に爆弾が落とされなければ。

　基地の造りはとてもアメリカ風。ログハウスみたいな感じ。トイレは洋式。看板は英語だった。'Library' 'Gymnasium' など。感覚が違います。図書館はでかい。しょっちゅうそこに行って、レコードを聴いたりしていましたよ。普通の日本の基地にも図書

光は言う。

14　William Bradford Huie, *The Execution of Private Slovik* (1974年のテレビドラマ)。第二次世界大戦の時、米軍には脱走兵は数多くいたが、脱走罪のため処刑されたのはスロヴィク二等兵のみだった。

15　Lieutenant General LaVern E. Weber のことか。確かに1951～2年頃、北海道の基地に着任していたようだ。

16　朝鮮戦争 (1950-1952)。38度線の南北に大きく戦線が移動し、朝鮮全土で地上戦が行われた。兵士150万、民間人200万の死者を出したといわれる。当時、紀光は10～12歳。

室はあるけど、乏しい、みみっちいものです。あまり予算を使わ
ないからね。

　北海道は九州から遠い。なかなか実家に帰れない。当時、青函
トンネルはまだなく、フェリー連絡船で北海道と青森の間を行く
しかない。慣れていなくて、酷く船酔いをしました。

　　　青函フェリーで帰省するところか。右端が紀光。
　　　腕章はおそらく陸士長（軍曹の１つ下の位）。

　ある日、道路工事をやっていたら、事故にあった。軍曹の命令
で土方の仕事をしていた。雨の中、重たいコンクリートのブロッ
クを３人で運んでいた。状態が悪くてつい私たちはそのブロッ
クを落として、私の人指し指は派手に挟まれちゃった。骨が出て
いました。初めて見ましたよ、自分の骨。

　10日間ぐらい入院しましたし、今でもその指は痛いですよ、
冬が来るとね。医者はよく頑張って、指をつなげてくれました。
でもそれで運転できなくなりましたし、テッポウのトリガーを

引っ張ることができなくなった。シュワルツェネッガーのような肉食の人なら仕事はそれでも出来たかもしれないが。ローストビーフとかステーキの人ならね。でもご飯と味噌汁ではね。やめたほうがいいと思いました。日本人にはすぐ諦める特徴がありますよ。

　そもそも私は運転手で、そういう重労働はしないはずだけど、軍曹の命令でした。その事故がなければ、多分自衛隊を続けたでしょう。怪我そのものだけではない。不条理な命令があるから、自衛隊に残ればろくなことはない[17]、と。将官なら面白おかしいかもしれないが、二等兵ではね。いつかより大きな怪我をするかもしれないと思いました。

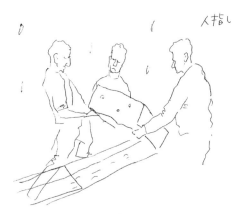

紀光の事故

　自衛隊を辞めまして、横浜に行こうと思った。横浜は結構面白い街で、アメリカ人がたくさんいました。自衛隊はこれぐらいでいいと思った、何か違うことをやろう、と。サミュエル・ジョンソン（42頁参照）のように、色々の経験を積んで、百科事典的な人になろう、と。そのほうがリラックスできるから。specialist（専門家）ではなく、generalist（万能家）。ジョンソン、またはH.L.メンケン[18]のような人に。

　最初は横浜の日産自動車生麦工場で働いた。川崎のドヤのようなアパート[19]に暮らしていたが、ある日となりの男が「土方の仕事を紹介してやる」と言ったので、応じました。

――一流会社を辞めて、土方になるのは……？
　ちっともおかしくないよ。だって、当時日産自動車の賃金は1日900円でドカタは1日1500円ですよ。

18　H.L. Mencken (1880-1956). アメリカのジャーナリスト、評論家、風刺家。*The American Language* (1919) の著者。
19　当時の写真の裏書きから、このアパートは佐山荘だと思われる。

THE FATS PiggMAN iN
FRONT OF the
cheap like a TOY CAR
NO.10 JAPS!! PRODUCT CAR
Allmost JAPS CAR looks
like a Kiddy TOY You see?

写真（表）：川崎時代の紀光と思われる。この車の持ち主は不明。
　　　　　日産車ではなく、マツダのようだ。

写真（裏）：この頃撮影された写真の裏面には、こうした紀光の
　　　　　メモ書きが見られる。ここでは皮肉な言葉が英語で
　　　　　綴られている[20]。

20　太った豚男が、おもちゃのような安物の車の前で。日本の野郎どもの
作った車。ほとんどの日本の車は子供のおもちゃのようだ。知ってるかい？

N.46.11.6 (エ) てくば便用

私にアレコレの
データはいらない

於 佐山荘 神奈川県川崎市 私は人間なのだ

佐山荘といったデータは関係ない。彼が
どの場所に住まおうと彼が彼自身の
自己同一化 アイデンテテイをつかんだかどう
かが重要なのだ。それでなければたとえこの
男がウオルドーフアストリヤホテルの特等室で
生活しても真の救いはないだろう

アイデンティティがすべてなので、物質的な環境はどうでもいい。紀光ならではの実存主義を感じとれる。それにしても、例えとして昭和天皇が泊まり、ダグラス・マッカーサーが住んだウォルドーフ＝アストリアホテルの「特等室」。彼ならではのユーモアを込めた「面白おかしい」大げさな表現ではないか。

佐山荘の前で

あほうだんす

2007 年 3 月 10 日の聞き取り

　紀光の部屋に着いたら、ジャズピアノの音楽が聞こえた。前回紀光に貸し出した弟ニックの CD だった[1]。紀光はニックの絵を描いていた。いつものナチスの収容所守備兵とあまり変わらないが。天気はよくて、大通り公園でピクニック。私は肉まん、ピザまん、バウムクーヘン、お茶。紀光はワンカップ。

　前回の記録を紀光に見せたら「あほうダンス」は表記が違っていると言われました。「今日明日生きられるといい、それで精一杯。毎日あほうダンス、まったなし」の部分。

　トムが思った「あほうの踊り」ではなく、アフォーダンス（affordance[2]）です。これは生物学の話。遺伝学やダーウィンを超えた自然科学の話。ブラジルとかチリで研究されているけど、まだ証明はされていないオートポイエーシス（autopoiesis[3]）やアフォーダンスはウンベルト・マトゥラーナやフランシスコ・ヴァレーラの概念で、中沢新一も大事にしている。自然の世界で子供が生まれるとき、それをライオンから守らなければならない。外と内の間に壁はない。ワットソンとクリックが DNA を発見して以来の自然科学の発見。ロンドン大学のデイビッド・ボーム先

1　Nick Gill, *The Dandelion Clock*（『タンポポ時計』）2004 年。
2　アメリカの生態心理学者ギブソン（J.J. Gibson）が提唱した概念。環境が動物に対して与える意味のこと（108 〜 110・166 〜 168 頁で詳しく触れる）。
3　チリの生物学・哲学のコンビである Humberto Maturana (1928-) と Francisco Varela (1946-2001) が生命の本質を探るなかで作った概念。自己言及的に自己自身を可能ならしめているシステムのこと。二人の著作に *Autopoiesis and Cognition* (1980) がある。邦訳は『オートポイエーシス：生命システムとは何か』（河本英夫訳、国文社、1991 年）。その後、生物学に限らず、システム論の中で広く使われるようになった。

生[4]もこだわっているよ。ハルマゲドンの話とも関係する。千年
に一回大きな災害があって、その後人類はまたゼロからやり直す。

　オウム真理教やデイビッド・コレシュ[5]はこの概念を上手く利
用していた。いまのテロリストもそういうことをやっていると思
いますよ。イスラムのテロリストは本当にそうで、本当はやって
いることはイスラム教と関係ないですよ。

　私自身はハルマゲドンを信じない。共産主義が死んでから、特
別秀でた思想は生まれてないね。残っているのは無根拠な信念を
売り物にする新興宗教。彼らは弱った、疲れた人の心をつかむ能
力がある。マーケットリサーチをやって。精神を商品にするセー
ルスマン。磁石のように人の心を引っ張る。宗教、自分を励ます
効果があるじゃないですか。力が湧いてくるじゃないですか。私
は神社・寺には行かない。組織的な宗教はぱっとしない。リスク
があるのに何のメリットもない。

　今日の話し合いはあまり盛り上がらなかった。ギルは疲れてい
て、つい途中で寝てしまった。「亜歩郎」のママに怒られてしまっ
た。「ここはホテルじゃないよ、お兄さん！」

　今日はこれでやめておいて、一杯飲みに行った。

4　David Bohm (1917-1992). アメリカ人の量子物理学者。

5　David Koresh (1959-1993). ブランチ・ダビディアン教団の教祖。1993年
テキサス州ウェイコ市で51日間の包囲攻撃の果て、FBIとATFの警官にコ
レシュを含む信者79人が射殺された。

港湾労働の良さ

2007 年 3 月 24 日の聞き取り

土曜日。雨。

　若いとき、すぐ怒るタイプだった。口が汚い、悪い言葉をよく使う、自分は meteorite（隕石）のようなものだった。二等兵だったが、周りの兵隊達を侮辱したり、酔っ払って喧嘩になったりして。朝になったら、夕べ俺はいったい何を話していた？！　恥！

In the morning, I think it's a bloody shame. No good. It's a cycle. これでは駄目だから自衛隊をやめた。Recognized I am no good. Bloody no good. Against God, against Buddha. So I ran away. Ran away. Away. I have nothing to do. Nothing great. So anyway, ran away. Went down from Hokkaido to Yokohama. So it began. Free time. プータロウ。高度経済成長の前の時代。Almost poor people, like young boys in Ireland, London's East End. So I go into Yokohama, construction sites, port lighterman. 1970. Same work, PUTARO work, until about 2001. Along the coast, warehouses, on the ship. Like England, Thames River lighterman. [1]

1　朝になったら、凄く恥を感じる。ダメだ。その繰り返し。（これでは駄目だから自衛隊をやめた。）自分はダメだと分かった。まったくダメだ。神に反する、仏陀に反する。だから逃げ出した。逃げ出したよ。遠くまで。やることがない、大したことはね。だからとにかく逃げた。北海道から横浜まで。それで始まった。自由時間。（プータロウ。高度経済成長

——Why Kotobuki?

San'ya is inland; it's only bloody construction sites. It's baaaad, payment is no good. So Yokohama is open to ocean, foreign, money pay very good. Money is regulated by the International Longshoremen's Labor Union, based in Chicago[2]. So payment is regulated. But DOKATA, construction sites, particular people, son of the boss, you get 10,000, you get 8,000, you get 5,000. It's particular, it's quite bad. Read Eric Hoffer, American philosopher and longshoreman[3]. So Yokohama was attractive. Quite bloody attractive. San'ya is inland. But my favorite is water, shoreline, waterfront, Blackpool, Frisco Bay, water... Southampton, Blackpool, Liverpool. And many ships, vessels,

の前の時代。）ほとんどみんな貧乏人、アイルランドの青年たちのように、ロンドンの東部（イーストエンド、港湾と労働者階級の文化で知られている）のように。だから横浜に行くんだ。建設現場、港湾の荷役。1970 年。同じ仕事、プータロウの仕事、2001 年まで。岸辺の倉庫、船上の仕事も。イギリスのテムズ川のはしけの船頭のように。

2　米国には International Seamen's Union (Baltimore), International Longshoremen's Association (New York), International Longshore Workers' Union (San Francisco) など、様々な国際港湾労働組合があるが、いずれも本拠地はシカゴと違う。でも紀光は「シカゴで決まったことだから」とよく聞いたそうである。

3　エリック・ホッファー（1902-1983）。アメリカの労働者階級の思想家で紀光のヒーローの一人。著作では *Working and Thinking on The Water-front* (1969, 邦訳『波止場日記』1992) が一番知られている。27 歳で服毒自殺未遂。「私は自殺できなかった。だがその日曜日、労働者は死に放浪者が誕生したのである」「アメリカ人の浅薄さは、彼らがすぐハッスルする結果である。ものごとを考えぬくには暇がいる。成熟するには暇が必要だ。急いでいる者は考えることも、成長することも、堕落することもできない。彼らは永久に幼稚な状態にとどまる」

German, Holland, England, America vessels.⁴

First I found work in Kawasaki — construction sites. Then I worked for Toyo Senpaku, nightwork, bananas. 人手不足で、後 2~3 人必要、お前やれえ、それで港湾労働が始まった。When I was 28, a very tall man saved my life. I was late, 8 a.m., everyone else start 6 a.m., already drinking.⁵

　最初に港湾労働を紹介してくれた人はまだまだ覚えてるよ。背が高い男だ。その人が夜勤から帰ってきて、明らかに飲んでいた。彼が私に声をかけた。「お前、バナナの仕事やりゃいい。あそこだ」。で、マイクロバスがあって、手配師が紙を配って、「ハイ、お前、ハイお前、あと 4 枚、あと 3 枚……」。それで港湾労働者になった。やはり港湾労働は土木作業よりずっといい。土木作業は賃金安く、暴力的ですよ。

4　──なぜ寿を選んだか？
　山谷は内陸、仕事は建設現場ばかり。ひどーい、賃金はよくない。でも横浜は開いている、大海へ、海外へ。金払いもいい。賃金はシカゴを本拠地にする国際港湾労働者組合によって規定されている。つまり賃金は管理されている。でも建設現場は違う。土方だとコネが全てだ。社長の息子なら 1 万、関係者なら 8 千円、関係ない人なら 5 千円とか。個別的だから、かなり悪い。エリック・ホッファーを読めばいい。アメリカ人の哲学者で荷役。そう、横浜は魅力的だったよ。めっちゃ魅力的。山谷は内陸。私が好きなのは海、沿岸、波止場、フリスコ・ベイ（サンフランシスコ湾）、海……サウサンプトン、ブラックプール、リバプール。そしてたくさんの船、船舶、ドイツの、オランダの、イギリスの、アメリカの船舶。
5　最初は川崎で仕事を見つけた、建築現場の。そのあと、東洋船舶で夜間、バナナの積み下ろしの仕事をした。（人手不足で、後 2~3 人必要、お前やれえ、それで港湾労働が始まった。）28 歳の時のこと、とても背が高い男が私の人生を救ってくれた。私は遅刻で、もう 8 時、仕事は 6 時から始まっている。（オレは）もう飲んでいた。

港湾労働の楽しさ：ブラジルの貨物船でイップク

　ボサノバ等ブラジルの音楽が好きで、ブラジルの貨物船のデッキで一服しながらそれを聴くのはとても楽しかった（ボサノバの踊りの仕草）。それでブラジルにつながっているという感じで、海に飛び込んでブラジルまで泳いでいきたくなった。船員は皆ラジカセを肩において音楽を聴いていた。他の船もよかったが、ブラジル船は一番だった。

　アン王女がマーク・フィリップスと結婚したとき[6]、山下でケープタウンからコーヒーバッグを運んで来たイギリスの貨物船で働いていました。デッキまで行きまして船長に挨拶しました。「おめでとう」と。それで船長に誘われて、昼休みの時、一緒にワインを飲むことになりました。

6　1973 年 11 月 14 日。

天気が良くて

2007 年 4 月 15 日の聞き取り

　午後 1 時ごろ紀光に会ったが、天気が良すぎるため、「亜歩郎」の話し合いをやめて山下公園までピクニックをした。私は赤ワインとチーズ・クラッカー、紀光は焼酎だけ。氷川丸[1] の前を通る観光客を見ながら失礼なコメントを言う。そのあと BankART Studio NYK[2] に行った。大地震が発生したら役に立ちそうな仮住居がテーマで、新聞紙とかペットボトルやビニール袋からできた小屋が展示されていた。そこに、座ったりして飲み続けた。心地がよかった。

　紀光はこの間、生活保護のお金を使ってまた九州に行ったと言う。ところが、腰が痛すぎるため、山鹿まで行けずに熊本で逆戻りした。

「山鹿までは我慢できなかった」

　しかし、山鹿が無理なら、横浜まで戻るのは百倍無理じゃないか？！

「いや、横浜まで戻れないと生きていられないから」

1　横浜の代表的な観光スポットである山下公園に係留されている汽船。

2　横浜・大桟橋の近くの大型倉庫がアートスペースに作り直された場所。

BankARTの地震 EXPO にて

海の冒険譚

　いつものように紀光の部屋に寄り、「亜歩郎」で待つと言って、先に行った。紀光は、たまたま路上で出会った人を連れて来た。金髪のアメリカ人青年で、顔は青白く、あまり健康的な印象ではない。名前はビビアン（ヴィニー）・ゴーマン（Vivian 'Vinny' Gorman）、ユタ州に暮らす 20 代。インターネットで「安いホテル／横浜」を検索したら、寿町のバックパッカー用ドヤにたどり着いた。紀光は彼を見かけると熱心に「亜歩郎」に呼び込んだ。紀光が言った。「イエス・キリストじゃないでしょうか？ ヴァイキングではないでしょうか？」 ヴィニーが「確か、親父の先祖はノルウェイ人らしい」と答えると「やっぱり」。ヴィニーに「なぜ横浜に来たか」と聞くと「プロのカードゲーム大会に参加するため」。それは Wizards of the Coast（海岸の魔法使い）社主催の Magic: the Gathering（魔法：その集い）[1] の横浜大会。参加者 400 人で、優勝すれば＄40,000。世界一流行っているファンタジー・カードゲームでプロツアーがあるほど。大きなグローバル・サブカルチャーで、私と紀光はその存在さえ知らなかった。しかしプロでもまだ寿町で宿泊するクラス。

　「渡り鳥だね。ライダー・ハガード[2] の探検話みたい」。紀光のもっている人種に対するステレオタイプのため、話は次第に

1　https://company.wizards.com/ 参照。

2　Henry Rider Haggard (1856-1925). イギリスの冒険小説家。『ソロモン王の洞窟』他。

微妙になる。「パイレートみたい。名前を付ければ『ダークピット[3]』、ダークはロマンティックだね。躍動感。川筋もん、イギリスのフランシス・ドレーク[4]」

　紀光が私をヴィニーに紹介してくれる。"Tom is Fraser!"（ジェームズ・フレーザー、イギリス人のビクトリア時代の人類学者）"he's a correspondent from another dimension"（別な次元からの特派員）。説明しようとしたが、ヴィニーあまり分からない。彼は20分ぐらいで「亜歩郎」から出た。

　そのあと紀光と、その二日前にあったヴァージニア工科大学の乱射事件[5]を話し合った。

　アメリカは内戦状態です。コリン・ウィルソンも言っている。あれは完成した文明じゃない。野蛮です。管理できるのはイギリスの理性だけです。広島長崎に原子爆弾を落とした野蛮人には「メイフラワー号[6]」という名前は相応しくない。アウトローですよ。ジェシー・ジェイムズとかジョン・デリンジャー[7]のようなアウトローね。アメリカ人はもっとモンロー主義[8]になればいい。あ

3　日本語に訳すると「暗い穴」。俳優の Brad Pitt と Pit（穴）のダブルミーニング？

4　Sir Francis Drake (1540-1596). 世界一周した冒険家であり、英国海軍提督であり、海賊でもあった。ここには「ダーク」と「ドレーク」の連想もある。

5　2007年4月16日、韓国人の学生が学生ら32人を射殺した。

6　The Mayflower. 1620年、最初のアメリカ行き英国人入植者たちが乗った船。船名は白い花の咲く植物からとった。可愛い花の名前はアメリカの暴力的なアウトロー社会に相応しくないということ。

7　Jessie James (1847-1882), John Dillinger (1903-1934). アメリカの代表的なアウトローたち。

8　Monroe doctrine. 1823年にアメリカ合衆国モンロー大統領が教書の中

んなに広い国土があるのに日本というちっぽけな国と戦争することはなかったでしょう。

　あいつ（Vinny）は海賊の DNA を持っていますから。今頃あの海賊はどこを歩いているでしょうか？　おそらくマジックで姿を消しているだろう。

　私は『ブライトン・ロック』[9] などの海の物語は好き。ジョセフ・コンラッドの『台風』[10] とか、最後は海で助けられる。砂漠の話は重苦しい。スタインベックの『怒りの葡萄』（65 頁注 12 参照）とか。オクラホマは砂漠になって。砂漠の人はある意味では一番モダーンですね。一番海から遠いから。皆求めているのは海ですよ。ターナー[11] の海の油絵が大好き。あの暗い海の嵐の瞬間。私たち人間は水溶性の動物ですから、精神的に穏やかになる。川じゃ駄目だね。川では不安が残る。ライン川とか。見るなら、バルト海がいい。冷戦時代に東ドイツやチェコの刑務所から逃げた人はヴィスワ川[12] でストローで空気を吸って、最後にバルト海まで逃げていた。やはり最後に求めるのは海。その話を Movietone News で見たことある。だから川には確かに脱走の可能性がありますよ。

　Movietone News は印象的でした。例えばテキサス大学の

で行った宣言。ヨーロッパ・アメリカ両大陸での相互不干渉を主張。

9　*Brighton Rock.* グレアム・グリーン (Graham Greene, 1904-1991) の小説。海の物語というより、海のリゾート町ブライトンの若手ギャングたちの物語。

10　Joseph Conrad (1857-1924). ポーランド生まれでイギリスに帰化した小説家。『台風』(*Typhoon,* 1902) は典型的な海上探検話。

11　J.M.W. Turner (1775-1851). イギリスの画家。海・船のイメージは有名。

12　Wisla River. Vistula River とも呼ばれる。バルト海 Baltic Sea にそそぐポーランド最長の川。

チャールズ・ホイットマンは持病の脳腫瘍でテキサス大学のタワーの上から 16 人ぐらいの人を射殺した[13]。それを映画館のニュースリールで観ましたよ。詩人のウォルト・ホイットマンと同じ名字だからなんとなくさらに悲しいと思った。ロバート・スミスはアリゾナかニューメキシコで、美容院に押し入って、5 人の客をいきなり殺した[14]。でもホイットマンの銃撃ニュースは迫力ありました。ヘリから撮影しましたからね。あとアルコール中毒のリチャード・スペックは病院の寮に入り込んで 8 人殺した。フィリピン人の出稼ぎ看護婦もいました[15]。スペックはシカゴのスキッド・ロウ[16] に住んでいて、それで初めて Skid Row という言葉を覚えました。やはりスペックはホームレスに近い人だった[17]。

　イギリスの大量殺人事件？　イアン・ブレーディーとマイラ・ヒンドリー[18] に関心あります。

13　1966 年 8 月 1 日の事件。負傷者は 32 人。

14　あまり知られていない事件。アリゾナ州フェニックス市、1966 年 11 月 12 日。

15　Richard Speck. 1966 年 7 月 14 日、シカゴの事件。犠牲者は全員看護婦の研修生。

16　Skid Row. アメリカのドヤ街に当たる単身男子のスラム街。

17　紀光の大量殺人事件の記憶は極めて正確。この 3 つの事件はみんな 1966 年だった。その年は続々と Movietone で配給され、強烈な印象だったという。

18　Ian Brady (1938-2017), Myra Hindley (1942-2002). 2 人は the Moors Murderers と呼ばれる。1963〜65 年、5 人の子供を殺人。死体を英国北部の荒れ地 (moor) で処分。

母の3回忌

2007 年 4 月 18 日の聞き取り（その 2）

　この日、紀光は数枚の写真を持っていた。1 枚は紀光自身が写っている。ものすごく悲しそうな顔をしています。その話を聞いてみました。

　2、3 年前、久しぶりに弟がやって来た。亡くなったお母さんの 3 回忌の写真を持っていた。

　私は長男でその弟は末っ子。上に姉そして間に次男がいたが、次男は大阪と福岡の間を運転していたとき、暴走族にはねられて死んじゃった[1]。弟は二人ともやさしい、でも子供のころはよく喧嘩した。私の方が大きいから、いじめっ子でした。長男だから天皇のような権力を持っていると思い込んでしまって、いろんな罪を犯したような気がします。特にすぐ下の次男に対して。彼は一年だけ年下だったから、ライバル意識があった。私は A 級戦犯。でも深い意味はない。しょせん子供ですからね。そして絵を描いてあげたり、紙芝居とかびっくり箱を作ったり、いろいろとサービスしてあげた。でも敗戦国だから何をやっても虚しいというか、食べるのが精一杯だったから。

　やってきた末弟は詳しいことは知らないが、定年退職して、今関西に住んでいる。会うのは約 30 年ぶり、お父つぁんのお葬式

1　同年 2 月にはタクシーにはねられたと語っている。末弟の証言によると、熊本市内でタクシーにはねられた。自責事故だった。

ぶり。

　父は 62 歳で亡くなった。1970 年あたり、大阪万博の後で。貧しい環境のストレスで亡くなったんじゃないか。家は小屋、シャック（shack）のような所だった。イギリス映画、『土曜の夜と日曜の朝』[2]で似た家を見たよ。(あの映画の音楽はすばらしかった。Hollyridge Orchestra のね)。「イギリス人もこんな酷いところで生きているか、世界の労働者はみな同じじゃないか」と思った。長男がお父つぁんに夕飯のフィッシュアンドチップスを投げつけてドアをバンと閉めて家を出る場面は素敵だった。

　お父つぁんのお葬式の日はよく覚えています。

　横浜から新幹線で山鹿へ帰りました。行ってみると、お父つぁんはもう亡くなって、棺桶が台に置いてあった。葬儀屋は普通に仕事をしていて、「あら、人がくたばるとこういう作業がある」という感じだった。

　火葬場で身内だけになったが、お葬式にはもっと集まっていた。私たちは葬式のプロセス分からないですね。だから言われる通りでやるしかない。お金がかかるし。天皇陛下とかジョージ六世（男らしい王様！）なら、皆やり方は決まっていますが、凡人だと「お前、それをやれ」という感じですね。会社関係とか、かなり人がいた。でも私は興味ない。早く横浜に帰って酒を飲みたいと思っていた。お父つぁんに関して悲しかったが、こんなに大げさな儀式をしなくていいと思った。お姉さんとか弟たちは変わっていない。むしろ私が変わったんじゃないかと思った。仲よかっ

2　*Saturday Night and Sunday Morning*. アラン・シリトー (Alan Sillitoe) の 1958 年の小説を元にした映画。イギリスの労働者階級の生活を生々しく描く。テーマ曲は The Cambridge Strings による。

たよ[3]。子供の時は喧嘩をしていたが、二十歳を超えると皆が仲
良くなる。港湾労働をやっていると皆に正直に言いましたよ。東
京大学の教授をやっていると言うわけにはいかないしね。故郷に
帰るとそういう嘘をつく人もいますけどね。

　それから30年間ぐらい弟と会うことがなく、手紙や電話もな
かった。変な話かもしれないけど、兄弟だから、会わなくても何
となく何をやっているか分かるんですよ。テレパシーじゃないけ
ど、大げさに手紙を書いたりする必要はないですよ。

　再会したのは、もう一人の弟の交通事故死のことです。どう
やって私を見つけたか、分からない。たぶん自衛隊に問い合わせ
たんじゃないか。シリアルナンバー、認識番号がありますから。

　私は長男で、弟を守ることが出来なかったのは申し訳ないこと
です。兄貴と弟は全然立場が違うよ。

　弟が来たとき、お母さんの法事の写真を持ってきてくれまし
た。たぶん2001年ごろ亡くなったと思います。弟が来る前に手
紙でその件を教えてくれました。母さんが亡くなって3年経った、
ということで。当時教えてくれなかったのは、みんな、紀光はも
う、野垂れ死にしている、寿でくたばっただろう、と考えていた
からだろう。

　お母さんのことは、そうですね。経済力のない旦那と結婚して
しまった。戦争直前で結婚することも間違い、よした方がよかっ
た。彼女はまだいい方ですけどね、少なくとも旦那が殺されなかっ

3　16頁の「弟と従兄弟にいじめられた。『この野郎！　横浜に帰れ！』(と
言われた)」と矛盾しているようにみえる。こういうことは時々あるが、「嘘」
ではなく、「選抜的な記憶」だと思う。その日のムードにより、記憶の色
あいが変わる。

たからね。私が当時そういう年齢だったとしたら結婚をしなかっ
たよ。軍隊にも入らなかった。上手く逃げ出したよ。

　やはり私は母系的というか、日本は男性は弱くて女性が強い。
名古屋から向こうは女性が強い。母系的社会。推古天皇[4]、額田
王[5]、エバ・ペロン[6]とか。

　母は女子師範学校（現在の熊本大学教育学部）を出た小学校の
先生だった。私は家にたくさんあった教科書をいつも見ていた。
イラストがたくさんあって、セント・バーソロミューの虐殺とか。
母は豪農の娘だった。

　父は無口で酔っ払って帰ってくると、布団を敷いてもらって寝
ていた。静かな男。自分は父が好きだったので、早く帰って来な
いかなと、いつも思っていた。母は苦手で。教養があるのがちょっ
と。

　高校卒業後、自衛隊に入ったが、正月休暇で帰ったとき、酔っ
払って「かあちゃん、ススキノで女性と付き合ったよ」と言った
ら本気のビンタ。「教養のある人はそういう所に行かないよ」。後
で考えると、もっともだなと、それ以降一度も行ってない。母と
子の本当のコミュニケーションだったから納得してしまった。た
またま父はいなかったから、この話は父には言っていない。平川
くん、高木くんとか「ススキノ行くぞ！」と誘うが、断っていた。
インターフェイスというか、子供から大人になる境界領域なんで
すよ。

　母にばれなくても、もう行かなかった。母との仲は特にこじれ

_____

4　6 世紀 ～7 世紀在位の天皇。最初の女性天皇。
5　7 世紀の皇族の女性。天武天皇の妃、万葉集の詩人。
6　Eva Perón（1919-52）. アルゼンチンの女性大統領。

なかった。母は和辻哲郎の言う台風性格[7]ですね。

──世界が平和になるには？

　世界が平和になるにはエクストラ・テレストリアル（地球外生命）の侵略が必要でしょう。コモン・エネミー（共通の敵）。ユーゴを見てごらん。スターリンとヒトラーという危ない敵がいる限り、様々な民族マイノリティーが一緒に頑張ることが出来たが、その敵が消えると内戦状態。世界全体が同じ仕組み。

　お父つぁんと一緒によく旅した。銀行の同僚と一緒とか二人きりでも。霧島岳、阿蘇山、川の源流を探るとか。陸軍の航空隊の演習場、菊池とか。昔の複葉機とか、少年兵が練習している所をよく見た。空襲が始まってない頃の話。次男、三男は小さすぎるので連れて行けない。ハイキングや登山しているときはストレスがないから、話すことができる。

　当時は内閣情報部とか、戦争関係のグラフ雑誌が、父が銀行員ですのでたくさん送られてきた。全部、ヒトラーやムッソリーニや東郷が表紙のもの。シンガポール陥落の山下将軍とパーシバル将軍とか。その影響を受けるのは当然です。ある程度は軍国少年だった。でも終戦後、手のひらを返したように反政府になるような、よくある人にはならなかった。

7　和辻哲郎 (1889-1960) は『風土：人間学的考察』の中で、日本人を「台風的性格」と規定した。

アフォーダンスと
オートポイエーシス

2007 年 4 月 18 日の聞き取り（その 3）

前に出た「アフォーダンス」の話がまだまだよく分からないから、もっと詳しい説明を求めた。

ジョージ 6 世がいて、大将がいて、兵隊がいて、労働者がいるというヒエラルキーがあるとする。昔はそれでよかったが、今はそういう階級社会を拒否する民主主義の社会になった。昔はクロマニョンとかネアンデルタールなどいたでしょう、石器時代。命をライオンや狼やハゲタカから守らなければならない、切羽詰まった、待ったなしの生活ですね。ニューラル・ダーウィニズム[1]で脳が進化する。自分の身を守るため。野獣が来る、隣の部族が襲って来る。そして次第に鉄砲を造る、原子爆弾を造るなどに、脳は特化する。これはやむを得ないことですが、人間はすごいことができるが、ひどいこともしてしまうのは包含的な考え方に欠けているからですよ。いい武器を造ることができるが、その使い方の意味を充分に把握できない。それでむしろサミュエル・ジョンソン（42 頁参照）のように一般論、総合論、すべてを包含できるようなブレーン、哲学が必要ではないか。ジョンソンは世界初の辞典を作ったが、そういうエンサイクロペディックな、包括的な発想は大事じゃないですか。湯川秀樹とかジェームズ・ワットの発想は専門的でこれも必要ですが、ユーティリティー[2]

---

1 Neural Darwinism. 脳進化論。
2 utility. 実用性。

ばかりではなく、ジェネラリティー[3]も考えた方がいい。現在は
ユーティリティーに偏っているんですよ。目の前にライオンがそ
もそもいないし、鉄砲を振り回す必要はないから、もう特化する
脳に進化する必要はないじゃないか。戦争はもう終わり。これが
いわゆるアフォーダンスの流れ。

　サミュエル・ジョンソンのようなジェネラライズした世界観が
必要。物理学者は仏教にも関心を持たなければならない。化学を
研究する人はキリスト教も研究しなければならない。マージナ
ル[4]な知識が求められている。スーパーマン（超人）のような知
識が必要。自己規制、セルフ・コントロールが必要。しかし今の
時代、求められる自己規制はだんだんと非人道的になる。ジョン
ソンはそれを予言していますよ、記録は残っていないかもしれな
いが。

　煙草を吸ってはいけない。酒を飲んではいけない。運転しては
いけない、排気ガスの環境問題で。自己責任が重くなる。それは
「非人道的な自己規制」。やりたい放題ではいけなくなった。環境
は人間の生活に対して、ハリケーンや竜巻や地球温暖化で「反論」
する。それは自然世界のレスポンス（反応）。自然は人間たちに
生きる機会を提供する（アフォードする）。それに人間が応じな
ければなりません。

　先日のヴァージニアの大虐殺の事件はこのことと関係ありま
す。あの大学の韓国人の子はまだまだジャングルのような環境に
住んでいるような考え方をしてしまって、それに暴力的に応じて
しまった。大自然のアフォーダンスを分かっていないから病理的

3　generality. 一般性。
4　marginal. 周縁の。

になっている。あの子は周りにライオンとかヘビとかコモドドラ
ゴンがいるような勘違いをしていました。錯覚ですね。だからア
フォーダンスは面白い概念ですよ。生きるか死ぬかの問題。個人
の心理から国際関係や環境問題までこのアフォーダンスの概念が
広がるからね。

「オートポイエーシス」に関しても、追加説明を求めた。

　Autopoiesis. インプットがない、アウトプットもない、ブート
ストラップ[5]のようなもの。Self-reproducing system（自己再生
システム）。外部と関係なしに自分で再生産します。人間は蛋白
質から出来ています。蛋白質は細胞を作る、細胞は蛋白質を作る、
それは永遠な繰り返し。人が死ぬ日まで、続きます。George
Bernard Shaw なら 100 歳まで、Harold Wilson なら 70 歳まで。
Autopoiesis はブートストラップ、テンソル・フィールド[6]のよ
うに、ヘーゲル的な弁証法でずっと続きます、細胞が自殺するま
で。ずっと上まで伸びて、横に動くわけはない。純粋な運動ですね。

5　Bootstrap. もともと、「靴の紐」。倒れた人間が自分の靴の紐につかま
って立ち上がるのは本来不可能であることから、全く無理なところから成
功することを英語では pull oneself up by one's bootstraps（自分の靴の紐
にすがって立ち上がる）という。つまり、不可能にみえることを自力でこ
なすという意味がある。日本語では主に IT 用語として知られている。パ
ソコンに電源を入れるのは、その「オフ」である機械が自分を「オン」に
するという本来不可能に見える過程だから、「ブートストラップ」、短くし
て「ブート」と呼ばれる。再起動なら「リブート」。紀光は中沢新一の影
響を受け、より一般的に自動複製システムの原理という意味で使う。

6　Tensor field. 理論的物理学の用語。「正しい意味で使われていないと思
います。紀光はらせん階段のようなものをイメージしていると想像します」
（轟木義一、神奈川大学助手〔現在千葉工業大学教授〕・物理学）。中沢新一『フ
ィロソフィア・ヤポニカ』（集英社、2001 年）参照。

中沢新一もそれに注目をしている。雑音がない、外縁量[7]はない。やっと悟るところまでたどり着きます。シンプレクティック多様体[8]と中沢が言う。

　熱平衡公理（エントロピーの増大則）も当たっているじゃないか。若いときは若いお姉さんを見るとつい熱くなるとか、このヴァージニア工科大の子も熱くなって、大量の人を殺して自分も殺した。平温まで下がった方がいいかも。死体になるとクールダウンしますよね。

──Entropyには下記の定義があるが、紀光はどちらを頭に入れていますか？

1　物体の熱力学的な状態を示す物理量の一つ。無秩序の度合いを表わす

2　（漸進的な）均質化、（質の）低下、崩壊

　やはり「均質化」だね。ナチスドイツはその一番いい例。皆同じアーリア人にしようとしました。

7　たぶん「外延量」（物理用語 extensive quantity）を一字間違えた。156頁の写真参照。外延量は加法性が成り立つ量であり、長さ、質量、時間、面積、体積などである。内包量（intensive quantity）は加法性が成り立たない量であり、温度、速度、密度、濃度、利率などである。

8　Symplectic manifold. ハミルトン力学系を幾何学的にとらえるために導入された多様体。中沢新一『フィロソフィア・ヤポニカ』（前頁注6）参照。

寿のこと

2007 年 4 月 25 日の聞き取り

喫茶店「亜歩郎」のおばちゃんたちを見て、

朝鮮人の女は魅力的、半分男みたいな、ダイナミックな感じ。(おばちゃんに)ボンジュア！

でもここの女はむしろマザーのようなタイプ。若い韓国人の女性が近くにいれば刺激になって、もっと思い出せるのに。性欲で頭は活性化しますね。

昔の寿町の話を求めた。

寿町の人のほとんどは反権力。大阪の釜ヶ崎の人ほどではないが。(関西人は迫力ありますね。)昭和 39 年、1964 年、初めて寿に来た。ここは俺みたいな貧乏人のためのところ。とにかく、仕事がある。港湾労働、建設、トラックの運転手など。これなら、生きられる。私のサバイバルパック。町は活気がある、水蒸気のように、台風のように、ハリケーンのように。焼肉食って、焼酎を飲んで。中華街で外国人と一緒に飲んで。アメリカの水兵、ヨーロッパの船乗り。フランス、ドイツ、イギリス、インドネシア、フィリピン。決まったバーがありましたよ。英語を覚えたが、だいたい酔っ払っていたから、ろくなものを覚えなかった。パングリッシュ(昔のパンパンガール[1]が覚えるようなピジン英語)だけどね。文法無し。昔、米兵が日本人の女をパワフルな腕からぶら下

---

[1] 戦後占領期で米兵を相手にした売春婦のこと。

げているのを見たことある。男がでかく、女がちっちゃいからそう見える。俺たちは肉食じゃないからしょうがないです。

——先ほど焼肉を食っていたと言ったじゃないか！

それは個人の話。これは人種の話。

——政治的な思いは？

全然ない。左でも右でも道端で行き倒れにならないように頑張るだけ。昔から日本にはそういうふうに死んでしまう人がいっぱいあった。英語には「行き倒れ」という言葉はあるか？　イギリスにはvagabond（浮浪者）がいたとしても、何か技があり、手品、バイオリン、ピーター・フランクル[2]のようにジャグラーをする。でも日本には猿回しとか見世物小屋で蛇を丸呑みする女性が多少いても、特技のない、ただの旅人みたいな人がつい行き倒れるよね。

過激派の人はほとんど大学を出て恵まれた環境だったけど、われら労働者はライオンに面する、アフォーダンスでやっと生きていただけ。遊び人でね、苦しい仕事をしたくない。本当は進化すればいいですが、今の日本人は劣化しています。

——なぜ？

イギリスにあるようなパブリックスクールはないから。ルールが決まっていなくて、甘やかされている。1～2年間自衛隊に入

2　Peter Frankl. 1953年生まれ。数学者でありながら大道芸のジャグリングもするエキセントリックなハンガリー人で、1988年から東京に暮らしている。

ればいい。日本の場合ノブレス・オブリージュ[3]はない。上の人
は責任を取らない。

**──でも、昔と比べれば日本は平和で喧嘩が少ないから、劣化よ
り進化じゃないか？**

　大人は進化しているけど若者は劣化。あと、政治家は駄目。ポ
リシーがないから。でも日本はアメリカの言うことを聞かないと
やばいから、日米関係を大事にするのは日本のサバイバル・キッ
ト。いかだだよ。

　あの頃、ドヤは全部木造。壁が薄いから何でも聞こえる。喧嘩
ばっかり。男は壁を蹴っ飛ばす。「馬鹿！」「アホ！」「うるせー！」
でも、顔を見ると「お前か？　仕事の友達じゃないか？」かえっ
て今の方がやばい。仕事がなくて人がやけくそになっているから。

　私は67歳だから、知っている人はドンドン死んでしまう。林
くんも死んでしまったし。今日は落ち込んでいます。60歳を超
えると力がなくなるから。

　林くんは穏やかなやつで、静かだった。よく一緒に港湾労働
をやっていた。でもある日、風邪を引いてしまって、その対策
として注射をしました。ところが、その注射は汚染されていて、
ウィルスが入っていて、1ヶ月あとで「ぎゃああああああああ」
と痛くなって、もがいたりして、死んじゃった[4]。3~4年前の
話。どこの出身者だったか分からないけど、彼も元自衛隊で、た
くましいやつだった。筋肉マン。66歳だった。私は64でした。

3　Noblesse oblige. 高い身分に伴う道徳上の義務。
4　紀光はHIVウィルスが入っていたというが、林くんの症状はHIVと
異なる。

When I was 64[5]. あのジョージ・ハリソンが亡くなったのは58歳だった。ショックだった。私の一番好きなビートルでした。若いですねぇぇ。ハロルド・ウィルソンは60歳で突然首相をやめたしね。

若いころのクレメント・アトリー英国首相

---

5 'When I'm Sixty-Four' ビートルズの8作目 *Sgt. Pepper's Lonely Hearts Club Band* (1967)の中の一曲。

　私は殴り合いが得意だった。例えば部屋の中でギターを弾いていたら、隣の男がバーンと入り込んで、このやろうと言って、喧嘩になる。でも負けることはなかったな。スキッド・ロウ（ドヤ街）に入って初めて分かった、私は殴り合いが上手だったということ。こっちからやることはないよ、自己防衛です。口喧嘩から始まるね。

　個人同士なら仲直りはあったが、暴力団が絡んでいるとややこしい話になる。稲川会がメイン。港湾労働の仕事の関係で私も随分稲川会にお世話になりましたから、あまり悪口は言いたくないですね。男の世界だからしょうがないじゃないですか。今は相愛会[6]だけど、裏は稲川会だと思います。ヤクザだって頑張っていると思いますよ。

　仕事の場所の近くに飲めるところがあったから、仕事中でも酔っ払っていた。すると部屋に戻ると何も分からない、無意識だ。次の朝、仲間に起される。Wake up! 軍隊みたいな感じで。フィードバック・ループのように、自衛隊に戻った感じ。時々後悔していた。 If I could be a college student... but I am not angry, just I am working to get money, and I don't care... still continue, like now... I not angry, you know. Just quite drunk. Night work, about 20,000 yen. But almost night shift it start from 7 p.m. and end at 2 or 3 a.m. Unloading corn from ships with a shovel. If I get caught by foreman, what you do?! Bloody... fucking... [7]

　東京の夢の島[8]で何回か仕事しましたよ、山谷の時。あれは臭い！　除草作業。大変な作業ですよ。臭いがきつい。Stink（悪臭）と言いましょうか。港湾労働者には stimulation（刺激）になりますよ。嫌な上司もいて。「働け！」「働かざる者は食うべからず」。まともな仕事じゃないよ、それは。二日酔いだと出来ない、吐いてしまう。銀座や六本木の生ゴミだから。デヅラは 6 千円ぐらい。埋め立て地ですから海に近い。5〜6 回ぐらい行きました。1 時間か 2 時間で山谷に戻れる。輪番制度で月 2 回ほど行けたね[9]。

　山谷に行ったのは 1980 年代の後半かな。何となく行ってみたいと思って。3 年で横浜に帰ったけど。玉姫[10]の職安に仕事がなかったから。土木労働の賃金は寿より安いし、8 千円とか。港湾労働は 1 万 5 千くらいなのにね。やはり横浜がいい。下手に動かないほうがいい。

　色々あったが土壇場でハッピーライフになっているから、いいじゃないですか。リラックス気分で。

─────────────

コップでトウモロコシを船から降ろしたりとか。でも親方に（酔っ払っていることが）ばれたら、どうする？　畜生、クソ……。

8　東京都江東区新木場の北にある埋め立て地。1957 〜 1967 年の間、ゴミ処分場となりゴミがそのまま埋められた。現在は大部分が緑の公園となっている。

9　夢の島の除草作業は東京都の日雇い労働者雇用促進事業の一つ。こういった事業の多くはほとんど形だけになり、紀光が言うとおり、1〜2 時間で終わることはよくあった。

10　山谷の玉姫公園の近くにある日雇い職安。

コリン・ウィルソンについて

2007 年 4 月 28 日の聞き取り

　いや、トムさんが来なかったら、ずっと寝ていた。古い映画、My Fair Lady を観ているという夢を見ていました。"Won't you take me to the church on time." [1]

――でも紀光は教会に間に合わなかったね……、結婚していない。

　結婚は夢ではなくそもそもやってはいけないこと。家庭内暴力とかいろんな問題を起こすよ。夢の方がいいですよ。現実より夢の方が精密だし、すぐ終わって後で迷惑かからないもの。かえって、夢のままで現実にしない方がいいですよ。

　よく夢を見るんですよ、外国にいる夢とか。バンクハウス [2] のようなところで、隣のベッドで男が外国語で何か言ったり、あくびをしたりしている。イギリスのコベントリー市にいた夢とか。

　夕べは徹夜で政治のテレビ・トークショーを見ていた。そしてヤンキーズとレッドソックスで松坂対松井を見ていました。松坂はラッキーボーイですよね。ぽこぽこ打たれてしまっても味方が大量の点を取って、終わってみれば勝利投手。あれは運命なのか、

1　『マイ・フェア・レディー』の代表曲のひとつ 'Get Me to the Church on Time'（「時間通りに教会へ」）を指すものか。Alan Jay Lerner 作詞、Frederick Loewe 作曲。ヒロインの父親が自分の愛人との結婚式を翌朝に控え、下町の大衆酒場で仲間たちと飲んだくれて歌う――「（朝になったら）オレを時間通り教会に連れて行け！」
2　bunkhouse. 労働現場にある宿泊所、飯場。

米国の野球選手・映画俳優、チャック・コナーズ

ただの運なのかな。

西澤晃彦のホームレスについての論文、「亡霊の声」[3]のコピーを渡した。

亡霊はいいやつもいる、ハムレットのお父さんのように。息子を励ます。日本の場合は母系社会だから、亡霊のほとんどは女、特に母。ドイツもね。でもアメリカやイギリスは父系社会で、子供は主に父親のもとで育てられる[4]。この違いはアメリカの第二

3　西澤晃彦「亡霊の声:野宿者の抗いと抵抗」狩谷あゆみ編『不埒な希望:ホームレス／寄せ場をめぐる社会学』(松籟社、2006年、241~278頁)。
4　そんなことはない。

次世界大戦の直前に米国防総省が命令した国際比較研究で分かった。ルース・ベネディクト[5]など、たくさんの有名な人類学者を使った調査だね。そしてアメリカの軍人はその報告書を見て、「勝った！！ これでドイツと日本に戦争で勝てる」と喜びましたよ。母系社会の国は弱いです。男達は女に頼るから、気が弱い。女に勝てないと分かっているからこそ、女に暴力を振るったりしますよ。冷酷、ずるい、卑怯者……。父系社会の方が成熟している。そこでチャーチル[6]とか（私に言わせれば男である）サッチャー[7]がリーダーになる。イギリスは男らしい社会だと思いますよ。モントゴメリー将軍[8]は戦車の上にこうもり傘を立てて、愛敬の将軍だったね。

　たくましい女は軍艦の戦隊に入るぐらいの力ありますよ。私は女を差別するつもりないよ、立派な女は多い。Eva Perón, Barbara Castle, Simone de Beauvoir, Marie Curie, Shirley Chisholm, Gloria Arroyo, Indira Ghandi, Aung San Suu Kyi, Madame Blavatsky.[9] まあ、マダム・ブラヴァッツキーは変人だけど、嫌いじゃないです。そういうマニアックな人が必ず出てくる。

5　Ruth Benedict (1887-1948). アメリカの人類学者。*The Chrysanthemum and the Sword* (1946, 邦訳『菊と刀』1948) は日本人類学の名著。

6　Sir Winston Leonard Spencer-Churchill (1874-1965). イギリスの首相 (1940-1945、1951-1955、保守党)。

7　Margaret Thatcher (1925-2013). イギリスの首相 (1979-1990、保守党)。

8　Field Marshall Bernard Montgomery (1887-1976). 第二次世界大戦のとき、イギリスの北アフリカ部隊の名大将。

9　Madame Blavatsky (1831-1891) は神智学会の創始者で、オカルト研究が有名。「ニュー・エイジ」神秘主義の草分けという説もあれば、ナチス寄りの人種差別者という説もある。

オカルトの話が出たので、紀光がよく引用するコリン・ウィルソン（65頁注10参照）のことを聞こうと思った。私はまだ彼の名作『アウトサイダー』を読んでいなかったが。

大丈夫！　私はシュペングラーの『西洋の没落』、アーサー・ケストラーの『真昼の暗黒』、ロレンズ・ヴァン・デル・ポストの『カラハリの失われた世界』[10]はみんな未読。残念ながら、手に入りません。

『アウトサイダー』は日本でもベストセラーでした。「怒りの世代[11]」は日本でも有名。ウィルソンはハンプステッド公園のテントに暮らして、彼女ができて、遊びまくっていた。それをセックス日記にして、彼女の父親にぼこぼこにされるところでやっと逃げた。まあ、彼は実存主義者ですから当り前な生活ぶり。でも書き方はいつもクールで自己管理があるのはすごい。

高校生の時、その本の書評を読んだ。そして自衛隊を辞めてから、酔っ払って入った川崎の古本屋で見かけた。がぁんと目に入った。『アウトサイダー』。2、3百円で買った、当時は大変な値段だけど。一晩中読んで、興奮状態だった。麻原彰晃のようなインパクトがあった。コリン・ウィルソンは私の麻原彰晃。そいう本は素面で読んでもしょうがない。酔っ払って読まなきゃ。ド・クインシー[12]もそうですが。

10　Oswald Spengler, *The Decline of the West* (1918-22). Arthur Koestler, *Darkness at Noon* (1940). Laurens van der Post, *The Lost World of the Kalahari* (1958).

11　「怒れる若者たち」という表現がより一般的。Angry young men. 50年代後半から出たウィルソンを含むイギリスの若手作家の呼び名。

12　Thomas De Quincey (1785-1859). イギリスの作家。*Confessions of an English Opium Eater*『英国人阿片常用者の告白』(1822) は麻薬常用者のバイブル。

　ウィルソンは常に「ピーク・エクスペリエンス」(peak experience,
至高体験）を探しているが、その至高体験のあとはどうなるか、
それが気になりますね。ハイの後にはカムダウンが待っているか
も。仏教にもそういう問題がある。悟りを開いてからどうする？
一旦至高体験ができたら、堕落した生活は出来ないでしょう。

　ウィルソンはこの本で数人の文化的ヒーローの話をします。例
えばフィンセント・ファン・ゴッホ。『星空』というものすごく
美しい、そして命の楽しさがあふれる名作を描く。そして命がた
まらなくなってしまって自殺してしまう。前者は絵画的な至高体
験で、後者はある意味で同じ絵画的な動作。ゴッホも実存的な思
想家ではないか、ダライ・ラマのように。

　私はまだ至高体験をしていない。まだ探しています。中沢新一
のように3年間チベットに行かないと。コリン・ウィルソンも
多分「チベットに行きたかったのに」と考えているのではないか。
貧困の家族の出身者だから行けなかっただけ。

　コリン・ウィルソンの話は新興宗教とか麻薬とか恋愛関係に限
らない、普遍的な話だからこそ、世界中で売れたと思いますよ。
大英博物館でずっと読みつづけてやっと普遍の中の特殊体験を探
し出した。「平凡な日常生活の中で非凡な特異点を探せ」と言っ
ている。エリオットやブレイク[13]のようにね。大学にも行って
いない、女と遊びまくってるプータロウのようなやつなのに巧み
にその事実を表現しています。そのようなやつが日本に出ればた
ちまち殺されるよ。

13　T.S. Eliot (1888-1965), William Blake (1757-1827). イギリスの詩人。

——前回紀光が話していた大量殺人事件は皆同じ 1966 年に発生
したと気づいた。

　そう、66 年で、しかもほとんど間もなく発生したという感じ。
その年、テレビばっかり見ていたが、アメリカの暴力テレビドラ
マが多かった。Gunsmoke とか Untouchables... アウトローもの
ばかり。インタラクティブ（双方向 interactive）ではなく、一
方的に見るだけという感じで、オーウェルの『1984 年』のように、
洗脳されていた。

刑務所のこと、女のこと

2007 年 5 月 12 日の聞き取り

　紀光は、西澤の論文をまだ読んでいなかった。「亜歩郎」で 3、4 ページを読んだら、あまりいい印象ではなかった。

　タイトル「亡霊の声：野宿者の抗いと抵抗」の＜抗い＞と＜抵抗＞はトートロジー（tautology, 同語反復）だね。

　これでちょっと怖くなったが、今回持参していた私のニンビー論文[1] を見せて、簡単に要約を言った。横浜市が問題とされる人をポンと寿町に入れる方針を批判するところを紀光は疑問視した。

　寿があっていいじゃないか。アパルトヘイト（人種隔離政策）と全然違う。強制的じゃないし、寿にいると人がお互いのことが理解できるじゃないか。

　寿の黄金時代、そして私が定期的に日雇い労働ができたのは 89 年までだった。昭和天皇が亡くなったら、ぱっと朝鮮人が日本に入ってきました。天皇はヒトラーのような存在だったから[2]。済州島では日本のテレビが映るから。天皇の逝去まで私は

1　トム・ギル「ニンビー現象における排除と受容のダイナミズム」関根康正・新谷尚紀編『排除する社会・受容する社会：現代ケガレ論』（吉川弘文館、2007 年）に入っている。「ニンビー」とは NIMBY = Not In My Back Yard の頭字語。「私の裏庭（＝家）の近くはダメだ」。つまり、ある施設（原発であれ、ホームレス・シェルターであれ）の必要性は認めるが、近くに建てて貰いたくないという排除感・縄張り意識のこと。

2　関係ないと思われる。韓国では 1987 年に民主化され、1989 年 1 月 1 日、

仕事で茨城や東京によく行ったが、朝鮮人に取られてしまった。

　私は一回だけ刑務所に入ったことがある。42歳、厄年、男の更年期。傷害罪で。

　仕返しだった。公園で寝ていたときに「マグロ」されてしまった[3]。懐中のもの、3万円の金、自衛隊で取ったトラックの運転免許証などが盗られてしまった。それからずいぶんタイムラグがあったある日のこと、6月で梅雨だった。暑苦しい天気だった。仕事に行けないと思った。「今日求人は少ないから駄目だ」と友人に言われて、朝から大丸ストアの前で焼酎を飲んでいた。すると貨物船で働いていたインド人が死にそうな感じでやって来た。誰かにぶん殴られていた。焼酎とトマトを分けてあげると彼はすごくありがたがった。そこで突然その犯人の男を見たよ。反感を持って、瞬間的に激怒した。ナイフで何回か顔と胸を斬りつけた。ライフルがあればぶっ殺したよ。自衛隊にいたから、使い方は知っていた。日本の法律で相手が助かった。

　2年6ヶ月の懲役を命じられたが、裁判が半年かかったので2年間で終わった。日本の司法制度をフィールドワークするなかなかいい機会だった。東京拘置所に入って、その後は三重刑務所だった。法務省は人をあちらこちらに送りますよ。刑務所でたくさん読書ができた。『天路歴程』（78頁注7参照）も読んだ。

　刑務所の中は恐ろしかった。いつ殺されるか分からない。その環境でバンヤンを読むともっと恐ろしい。本と自分の環境が同じだから。『天路歴程』にも刑務所があるよね。ヴィクトール・フ

海外渡航が自由化された。

3　寿町でよく聞く言葉。路上で寝ているとき、だれかに金・所持品を盗まれてしまうこと。寿司屋の俎板に乗せられた魚のように無防備な状態で襲われることから。

ランクル[4]が言うように、「恐ろしい夢を見たけれど、目が覚めるともっと恐ろしい」。私にもそういう経験が2〜3回あった。刑務所にはヤクザもいたが、恐ろしいのはそれより刑務官だった。彼らは規則違反の人をぶん殴る。

　刑務所にいたのは2年半だった。相手が死ぬところだったんだから、刑期は仕方ないと思う。観光旅行というとおかしいですが、刑務所は結構面白いところですよ。東京大学の入試よりも刑務所に入るのは難しい、3万人[5]くらいしかいないから。社会見学になりましたよ。酒・煙草が駄目なのを除けば自衛隊みたい。集団生活。刑務官の暴力がある。トータル・ウォー（総力戦）ですよ。

──相手は本当にマグロの加害者だったのか？

　それは分からない。眠っていたのだから。でも運転免許も取られたし、全世界への怒りに燃えていた。アイヒマン[6]。地裁、高裁まで行った。日本の司法制度の欠陥を探してやろうとした。相手には刃物を使ったが、体が大きい、ドヤの嫌なやつだったし、マグロの巣窟の方角から来たやつだった。戦略爆撃みたいなもんだ。犯人である可能性が高い。マグロ事件後1ヶ月くらいして、熟考してからやった。向こうがやるならやり返さなければナチに

4　Viktor Frankl (1905-1997).『夜と霧』の著者。オーストリア系ユダヤ人の心理学者。ナチスドイツではアウシュヴィッツを含む数ヶ所の収容所を生き残った。
5　刑務所の収容者数は約5万人（東京大学の在籍者数は約3万人）。日本の刑務所の収容者は世界的にみて少ない。
6　Adolf Otto Eichmann(1906-1962).ナチス親衛隊員。ゲシュタポ・ユダヤ人課の課長となり、ユダヤ人の強制収容所への輸送を指揮した。アルゼンチンに逃亡したが、1960年にイスラエルの諜報機関に拘束され、裁判の結果絞首刑となった。

殺されたユダヤ人と同じになってしまう。

　事件の日は外で寝ていた。インド人の暴力事件の後、暴力団が殴り合いしていた。あれは不吉な前兆だった。天気もどんよりしてたし。6月でね、帰ればよかったのだが。仏教では水は良くない。だから梅雨はよくない季節だ。悪いことをやると暴風雨になる。例えばあまりセックスをしすぎると、台風が来る。

　仕方なく犯行を認めた。事件の当事者じゃない検察官は何も分からない。東京大学を出て安全地帯にいる検察官には。最後は認めるしかなかった。さらに上告すると永遠に拘置所にいることになるので、仕事もやりたいし、もういいやと。

　刑務所では、最初、どう振る舞えばいいか分からなかった。でも自衛隊の訓練とほとんど同じだったとは。ポケットやボタンがない菜っ葉服を着せられる。自衛隊より楽だった。7人の雑居房だったが、先輩に挨拶をしなければならないから大変だ。刑期や犯行内容を告げて挨拶。妻殺し（心神喪失状態での犯行で減刑されている）、当たり屋、保険金目的で自宅に放火で8年、暴力団。飛行機でフィリピンや台湾へ行って覚醒剤の取り引き。面白かった。オスカー・ワイルドなどは刑務所に入って大きくなった。シャーマンになれる。南米などのシャーマンは毒にまみれて病気に対する免疫を手に入れる。アウトサイダーの観点に立てる。社会の仕組みが分かる。

　防寒ジャンパーを作る作業をした。生地を型紙に沿ってアメリカ製のカッターで裁断する。それをミシンで縫う。アイロンをかける。軽作業、口笛吹いて。朝からフルタイムだが、昼休みがあって、3時からはスポーツ時間。1日50円かそこらしか貰えないことを除けば、娑婆に比べれば楽。刑務所の中の雰囲気は良かった。悪いことすれば刑期が延びるからやらない。刑務官が助手扱

いする指導者の囚人は、凶悪犯、累犯。強盗殺人、前科3犯とか。カポー[7]にやらせて刑務官は楽している。ダンテの『インファーノ』[8]にあるように「この門より入る者、希望を捨てよ」が本来の刑務所。しかし日本の刑務所はヤクザにさえ中では丁寧で、甘すぎる。矯正機能が全然ない。

　バンヤンの主人公に同情した。私はあと6ヶ月というところでその本を読んだがバンヤンの主人公は強盗殺人で10年間だった[9]。私は刑務所に友達がたくさんできた。ポルノの漫画を描いて「先公」になった。男と女が絡んでいる漫画。刑務所に雑誌とかビデオはないからね。消しゴムを持っておまんこの絵を描いていた。見つかると拷問されるからね。いろんなリクエストがあった、音楽好きはギタリストの絵、右翼の人はヒトラーの絵、女の尻……、尊敬されるようになった。芸は身を助けるということ。

　若いときは女遊びすることがあったが、不愉快な経験。シャイだから素面でできない。だから酔っ払ってやりに行くが、酒のせいでファンクションが悪い。そしてあのプラスティックのもの、ペッサリーというんでしょう、で痛くてしょうがない。すすきので働く女ならコンドームは要らない。でも「ちょっと待って」と言って、トイレに行って、プラスティックの円盤みたいな物をつけて、それにプリックが当たると痛くてしょうがない（130頁の

7　Kapo. カポ。ナチス・ドイツの強制収容所での囚人頭のこと。

8　'Inferno'. イタリアの詩人 Dante Aligheiri (1265-1321)の傑作『神曲』 *La Divina Commedia* の中の地獄篇。

9　それはない。バンヤンの主人公クリスティアンは巨人に捕まって土牢に入れられるが「強盗殺人」ではない。ちなみにバンヤン自身は『天路歴程』を書いたとき宗教犯で獄中だった。

図参照）。一回も満足したことない。しかも千円払って。当時給
料は月 6〜7 千円ぐらいの時代。だからやめました。嫌な思いばっ
かり。

　お金を払わずに女と遊んだことはない。縁がない。私は酒を飲
まないと女とコミュニケーションができない。そして酒を飲むと、
いざ部屋に入ったら、できない。やはり日本は女系社会で男は女
に勝てないですね。

　当時たくさんの本を読んでいました。スタインベック（65 頁
注 12）とかド・クインシー（121 頁注 12 参照）とか、ハーマン・
メルビル[10]、ヘルマン・ヘッセ（65 頁注 11 参照）、カレル・チャ
ペック[11]。それで自分の不幸せを女性のせいにするのはいけな
いと分かったけど、彼女たちがやっていたことは何となくジャッ
ク・ザ・リッパー[12] への仕返しと思わざるを得ない。

　現在寿町に売春婦がいないのは経済的理由のため。誰も金がな
い。港湾労働が盛んだったときはいたよ。需要と供給です。

　女性はアマゾネスのように力を得ています。女性は無意識なレ
ベルで Mature（成熟）です。Mature side.

　上月晃のことに惚れていましたが、小学生だったからね。あの
時高校生だったらね、後悔だね。その後は一度も女に惚れること
はなかった。「ああ、あの女は尻がでかい」と思った程度ならあ
るけど。

10　Herman Melville (1819-1991). *Moby Dick*（1851, 邦訳『白鯨』）で日
本でも人気。

11　Karel Čapek (1890-1938). チェコの作家。

12　Jack the Ripper.「切り裂きジャック」とも。1888 年からロンドン東
部の横丁で起きた、売春婦連続殺人事件の犯人の呼び名。犯人逮捕には至
らず、未解決事件のまま。

Not complete communication

（郵便屋さんが店に入って来る）

あぁっ！ Please Mister Postman![13] 立派だね！ 久しぶりに
しっかり働く若者を見た。

しかし女にタッチするのはスリリング。ダンテとベアトリーチェ
のように[14]。その緊張感。だけどずっと一緒にいることはできない。
ロミオとジュリエットのように[15]。あれはいいですねぇぇ。苦し
みは逆に極楽になる。

でもあのペッサリーは本当に痛かった。激痛。パカパカという
プラスティックの音もした。It's not fun（楽しくない）。女の仕
返し、そのプラスティックの物体。Not complete communication
（不完全連絡）。小さな些細な物理的な物だけど、ああいうことだ
けでも男を殺人者にすることがある。

私は成績の悪い兵隊だったが、振り返ってみればよかったよ。
苦しいこともあったが、運転免許を取ったしライフルの使い方を
覚えたし、仲間ができた。そして一番よかったのは、男だけの世
界だったということ。お寺のように。女と触れ合う必要はない。

13 'Please Mister Postman' マーヴェレッツの歌（1961 年）で、全米
No.1 ヒットを記録。その後、ビートルズやカーペンターズなどがカバー
している。
14 伝説によるとダンテ（128 頁注 8 参照）は 2 度しか憧れのベアトリーチ
ェ（Beatrice Portinari, 1266-1290）を見ることはなかったし、「タッチ」は
一度もなかった。中世ヨーロッパの宮廷風恋愛（courtly love）の代表例。
15 禁じられている恋愛のせいで、二人とも若死にするから紀光には魅力
的な話。

イギリスの高校生へ

2007年5月12日の聞き取り

ギルの息子はイギリスの高校生で来月は哲学の試験あり。ヒントになる話を紀光にお願いした。

——奇跡というものはある？

あります。光のスピードがありますよね。人間の体は光からできていますから、チベットのラマは年を取ると光になる。われわれから見れば奇跡だけど、修行者は普通にできます。非常に厳しい修行が必要ですが。息子さんは中沢新一の弟子になればいい。

——神は存在する？

I believe in god... many gods. Lead me the right way.[1]

——神はオールマイティーで善なのになぜ悪いことが発生する？

Lots of people are on the earth, so even in Japan bastard Boryokudan, even America mafia bitch, even mainland China son of a bitch, so it's a movie actor bad. We are alternative: death or submission? Right or wrong? What do you select? Herman Hesse says planning no good, so no good planning.（大声で）Human being is bad, basically bad. Herman Hesse said it's no

1　神を信じている、たくさんの神々。私を正しい道に案内して。

good making a plan.[2]

——運命主義ですか？

Quite approaching existentialism.

French poet Mallarme says it looks like dice, decides your
fate. Making a baby... making a good joke... it's no good. 運命
は決まっているから、努力しても仕方がない。Nothing place, so
revolt, reverse, reback. I am the position of quite poor people,
complete. NOT Rockefeller, Carnegie, bitch money Microsoft,
I am side of poor people. Quite work. I don't like big money,
son of a bitch.（パンチするしぐさ、大笑い）With poor people,
painful people.[3]

——将来、社会はよくなる見込み？

うん、it's overhead getting very good. American constitution.

2　地上に多くの人がいるから。日本の暴力団め、アメリカにはマフィア、
中国本土の野郎たち、そう悪者映画俳優という感じさ。俺たちにある選択
は死ぬか、屈服するか。善か悪か？　どれにしますか？　ヘルマン・ヘッ
セが計画は無理だから、計画を立てても仕方ないと言った。（大声で）人
類は悪です、根本的に悪ですよ。ヘルマン・ヘッセは計画を立てても仕方
がないと言ったよ。
3　実存主義に近い。フランスの詩人マラルメ（1842-1898）によると、運
命はサイコロのようなもので決まると言う。赤ちゃんを作っても、いい冗
談を作っても、ダメだ。（運命は決まっているから、努力しても仕方がない。）
何もないところだから、反乱、逆転、逆戻り。俺は貧乏人の見方だ、完全に。
ロックフェラー、カーネギー、金の亡者マイクロソフト！　俺は貧乏人の
味方だ。ちゃんと働くよ。でかい資本が好きじゃないよ、このくそったれ。
（パンチするしぐさ、大笑い）貧乏人と一緒、痛みを持つ人と一緒にいる。

Liberty, saying mercy, it's a long time ago, Thomas Jefferson... freedom, equal, mercy... （笑） American constitution. Jefferson declare, so we go... free... equality, equal, mercy （前に泳ぐ仕草、大笑い） Wonderful constitution! Thomas Jefferson! It's really quite a constitution.

──**What about Japan's constitution?**

（笑） It's not enough! More effort required. Japan should make more effort to pursue Thomas Jefferson: free, equal, mercy. [4]

──**天国と地獄は？**

　両方あるよ。死んでも意識が残るから。眠ったら夢を見るでしょう。それは意識があるということ。寝る瞬間は真っ暗だけど1分ぐらい経ったら夢見る。死ぬときもそう。鮮烈な光が見える。いいことをやった人は青い夢を見る、ブルームーンのように。でも悪いやつは黒色な、救いもない夢を見る。

　私は寝たらしばらくは真っ暗だが、そのあとは夢を見る。きれいな夢、汚い夢。生きているときは身体に拘束されていますが、死ぬとそういう拘束がないからどういう夢を見るでしょうか。オーストラリアでアボリジニーをフィールドワークしたエル

4　うん、全体的によくなっている。米憲法。自由、慈悲、昔の話だ、トマス・ジェファーソン……、自由、平等、慈悲（笑）米憲法。ジェファーソンが言うから、その通りに行こう。自由、平等主義、平等、慈悲（前に泳ぐ仕草、大笑い）。素晴らしい憲法！　トマス・ジェファーソン！　本当に大した憲法だよ。
──じゃあ、日本国憲法は？
（笑）不充分！　もっと努力が必要。日本はジェファーソンを追求すべきだ。自由、平等、慈悲。

キン[5] は言っています、神話は集合的無意識を表現する話、人間
の共同体の夢。バートヘーゲンやイロルングア[6] の儀礼では妊娠
した姉の血を流して、ドラゴンが立ち上がるという。自然を汚す
と天罰が当たるということ。アイヌもそうですね。

　日本なら高野山とか長野とか。日本人はお守りを持つし。私は
守りを持たないけど、マントラを言っています。昔はたくさん知っ
ていたよ、いまは真言密教だけだが。

　（目をつぶって長いマントラを唱える）

　チベット密教ですよ。誰だって死んだら天国に行きたいじゃな
いか。

　（また目をつぶって長いマントラを唱える）

　白い光はスペクトルに分かれると「オーム」は白、「ばじら」
は黄色、「さっ」は赤、「と」は緑。「とば」は青。最後は青色。
スピードがある光は青。私が言っているんじゃないよ。中沢新一
が言っています。これは世界、人間を作っているエッセンス。「チャ
クラ」は forehead にある……。

　最近リチャード・ファインマン[7] の本を読んでいる。Light
and Material（光と物質）。知的だ。光、粒子。光がスリットを
通過する実験で、観察者の目に触れた光は、黒く認識される（ス
リットを認識する）がそうでない光の運動は永遠に続く。それと

5　A.P. Elkin (1891-1979). オーストラリアの人類学者。

6　オーストラリアのアボリジニーの部族名のようである。バートヘーゲ
ンは不明だが、イロルングアは多分西オーストラリアのイルダヲンガ（Il-
dawongga）族。

7　Richard Phillips Feynman (1918-1988). アメリカの物理学者。量子電
磁力学での功績にて 1965 年ノーベル物理学賞受賞。

チベット仏教との関連というのは、煩悩に捕らわれた執着する心を持つ常人は、光を見て黒くなってしまう。チベット仏教のような修行を経て解脱すれば、光速を超えたのと同様に、六道輪廻の世界から離れることができる。Feynman discusses light that goes through slits. It's an evergreen (＝unchanging) light, but to the observer it seems to change color and slow down. [8]

われわれ人間たちはスローで、Painful world に暮らしている。スピードの問題。作動原理。心の問題。心は鏡のようなもので、色々なイメージを作る。相手に執着する。何かに執着すると黒くなる。

---

8 ファインマンはスリットを通る光のことを話す。エバーグリーンの（ずっと変わらぬ）光だが、観察者の目には色を変えて減速するように見える。

ホッファーについて

2007 年 5 月 26 日の聞き取り

ギルは、紀光の話を聞いてエリック・ホッファー（93 頁注 3 参照）に関心を持って読み始めている。ホッファーの話を求める。

　私が初めてホッファーさんの本と出合ったのは三十数歳だったかな。ガス・パニック（オイルショック）の時。あのころ川崎にいた。仕事はなかなか取れないから図書館に行って時間潰しをしながら本を読んでいた。

　もっと昔ハイ・ティーンの時、兄弟と喧嘩して一旦家出したことがある。3 日間ぐらい青カン[1] した。その時、図書館に行って、スコットの『アイバンホー』[2] を読んだ。そして 70 年代、暇になったら、また図書館に行くようになった。

　私は困っているとき、駆け込み寺のようなところを探す。昔、仏教のお寺は色々なボランティア活動をしていたが、いまは堕落しているから、遊んだり、飲んだり、食ったりしているばかり。だから私の場合、図書館が駆け込み寺のようなところになった。仕事がないとき、Swedenborg, Barthes, Merleau-Ponty, G.K. Chesterton, Colin Wilson, Samuel Hayakawa, Lewis Mumford, Arthur Koestler... Montaigne と De Tocqueville も読んだが、全然

1　「青カン」はドヤ街の俗語で「野宿」を意味する。語源に関しては色々な説があり、例えば「青い空の下の簡単な生活」の略語など。
2　Walter Scott (1771-1832). スコットランドの歴史小説家。*Ivanhoe* (1819) は彼の傑作。

役に立ちませんでした。

　本を読むようになったのはオイルショックのいい結果でした。もし仕事がずっとあったとすれば、図書館に行かなかったでしょう。ずっと働く・稼ぐ・飲む・遊ぶと、dull（つまらない）ままで刑務所で終わったでしょう。Negligent（怠惰）でね。ホッファーが言う通り、「ものごとを考えぬくには暇が要る。成熟するには暇が必要だ」。図書館は無料だから、金がないときに最適。

　図書館で、ホッファーを読んだ。偶然に手に取ったよ。「ホッファー？　何これ？　ドイツ人かな」と。読んだら「同じ分子だな……、仲間。俺もお前が書くようなことができるぜ！」　同じ肉体労働者だから。仲間を大事にすること。彼はプラグマティック（現実主義）で、仕事がなくなったら、バックパッカーになって道路に出た。さすがアメリカ人の精神だね。やはり港湾労働者には移民系の人が多い。映画『波止場』のマーロン・ブランドー[3]のように。

　ホッファーは身体障害者で、子供の時一旦目が見えなくなった。その後また見えるようになったが、いつ再発するか分からない。自分の体は時限爆弾のようなものだった。男だから誰にも言わなかったが。無職になったら、我慢して自分の足で家に帰った。学歴がないのに、本を書いて、出版社に認めてもらって、結局カリフォルニア大学の教授になった。それぐらいの苦労をしているからそれが出来たよ。皆彼の書物を読めばいいよ。書き方は無作為でspontaneous（自発的）、学術書とか小説ではなく、日記のようなもの。いつもアドリブしているような感じ。

3　Marlon Brando (1924-2004). アメリカの映画俳優。1954年の映画『波止場』 On the Waterfront で、イタリア系米国人の港湾労働者の役を演じる。

「成熟するには暇が必要」――喫茶店「亜歩郎」で読書

彼はモハーヴェ砂漠[4]で野宿したことがあったよ、50年代。蚊とかムカデ、サイドワインダー（毒蛇）、さそり、コヨーテ、様々なやばいものがいた。そういう実体験から、彼はこう言う「我々は自然と闘わなければならない。きれいな景色ばかりではない」。やはり、プラグマティックだね。

――でもその精神はアメリカの環境問題にもつながっているのではないか？

やりすぎだよ。ムカデとさそりと闘うのはいいけど、オゾン・レイヤーを破壊するのは別な次元。さそりやムカデが襲ってくると、人間は自己防衛せざるを得ないでしょう。しかし石油を採るために地面を掘削するのは人間の対自然への攻撃です。ロスチャイルドのダイアモンド探しもそうだし。要は、ホッファーは実際にあった経験から話していたということ。テキサスの大金持ちはそういう経験していないでしょう。2、3日砂漠に暮らしてみろ、とホッファーが言う。しかしそれは命令ではない。ただ、「こんなんですよ」と言っているだけ。

個人の体験から話しているのは中沢新一と同じです。コリン・ウィルソンが言うような至高体験もそう。

ホッファーの思想は意外と密教的な、チベット系仏教と似ていると思います。キーワードは「青カン」。素っ裸で砂漠で寝る。ネバダ砂漠の原爆実験で残った放射能も青カン中のホッファーの頭脳に影響したのではないか？　青カンは悟りへの道を開く。

――日本の野宿者は？

4　Mojave Desert. カリフォルニア南東部の砂漠。

　違いますね。政治体制の被害者。好んで青カンしているという
わけじゃない。ホッファーは、修行のために砂漠で青カンした。
今思い出した、そういう文章があったような気がします。積極的
に砂漠で暮らそうという話。無意識にかもしれないが、ホッファー
がやったのはチベット・ラマの修行と似ています。彼の本を読ん
でいると、この人はアメリカ人とかヨーロッパ人より、アジア人
という感じですね。チベットのラマさんだね。

　今の日本は negligent で精神的に不景気です。アメリカやヨー
ロッパより悪いよ。皆に「Wake up！ 起きろ！」と言いたいけど、
そうすると警官に逮捕される。今の日本社会は病気で、私は処方
箋をあげたいが、受け入れてくれない。文藝春秋は本を出してく
れないし[5]。

**──でも、日本社会が古き良き時代から堕落しておかしくなった
という意見は、文藝春秋とかなり似ている保守的な見方ではない
か？**

　昔の「天皇万歳」は駄目だけど、戦後日本は精神分裂している。
政治的に、共産党や社会党対右翼とか保守派など。アメリカ軍に
力負けして、神風などの自殺行為まで強いられても敗戦。そして
その後のモラトリアムが長すぎる。コリン・ウィルソンのような
表現力がない。今の若い人を見ると「頑張ってくれ」と言いたい
けど、路上で言い出すと暴力団にやられちゃう。

──先ほど言った「処方箋」とは？

5　この原稿を文藝春秋社に見せたが、却下された。ごちゃごちゃだった
からしょうがないです。（その後、大幅に書き直しました。）

　テレビを見るのをたまにはやめて、代わりに高い山に登って、ゆっくりと自分の周りを見てもらいたいですね。それはエリック・ホッファーも言っているよ。モーゼのようにね。Ten Commandments（十戒）を貰ったとき。（絵を描き始める）

モーゼが十戒を貰う

ヤハウェ、つまり神様、はとても科学者みたいな雰囲気。服は旧約聖書にふさわしいローブのつもりだったろうが、何となく実験室用の白衣のようにみえる。

　科学者でいいじゃない。神にはそういう合理的な様子があるから。モーゼの方は変な非合理的なことを叫んでいる。子供の時、モーゼはかっこいいと思ったが、今はヤハウェの方が格好いいと思う。

──日本は特に悪いと言えるか？　宗教で人を殺すことはほとんどない穏やかな社会ではないか？

　問題はスタートライン。格差が大きすぎる。ある人はずっと前から走り出すし、ある人はずっと後から。（また絵を描き始める）

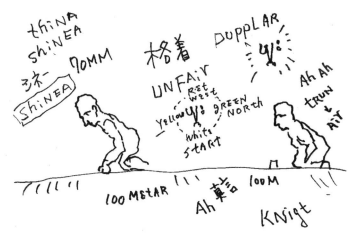

スタートライン

　格差が広がっていって、アメリカのモデルに近づいている。だけど私にはルサンチマン[6]はない。私の場合は日雇い労働者になるのは運命、カルマですよ。でもアイヒマン、ヒトラーは今地獄ですよ！　ダンテのインファーノ。東條英機もね。みんな hell ！（笑い）。永久の罰則を受けている。それは計算されているよ、数学のように。人間は material（物質）だから、常に腐ったりして、終わりに近づいていく。でも死ぬと逆転があるよ。健在の時、野

6　Ressentiment. ニーチェの用語。弱者が強者に対する憎悪や復讐心を鬱積させていること。

良猫や犬に餌をあげる人は亡くなってからその見返りが来る。

――紀光は亡くなったら、どうなる？　見返り貰う？　それとも、罰金払う？

　(笑い)。微妙だね！　五分五分。ほとんどの人はそうじゃないですか？

　仏陀が言ったよ。「起きろ！　周りを知れ」。だからヨガをする。だから「シネー」[7]という meditation をする。

　入力に夢中になった私。目を上げると紀光は指を右の鼻の穴に突っ込んで「ああ」という音を出している。これは密教の呼吸法だと、「スタートライン」の絵を書き続けながら教えてくれました。絵の右上に書いた密教的な言葉は「スタートライン」「格差社会」との関係性はなく、たまたま同じ紙に書いただけ。

チベット文字のマントラ[8]（絵・スタートラインの一部）

7　寂止。チベット仏教の瞑想法。
8　これはマントラ（真言、仏の言葉）を記したチベット文字であると東京大学東洋文化研究所の名和克郎教授（文化人類学）に教えていただいた。3つの構成要素からなっており、ローマ字転記をすれば、āḥ または Ah。

そして、こういうふうな風水的な色彩論を繰り広げた。

White	East	Heart / Third Eye
Yellow	South	Eye
Red	West	Throat
Green	North	蛇、性器

　ああ……、Ah（図のマントラ）。 Physical condition, 鼻で息を吸うと精神は落ち着く。Trun = Air, 空気。Doppler effect, 速度を落とすと Material は heavy になる（物質は重くなる）。Slow down するとスピードが引力によって重くなるが、確実に白光、White light にたどり着く、充分修行をしていればですが。地獄ではなく天国に。真言。Ah.

　でもトムはまだ顔色が悪い。死にそうな顔ですよ。無理しないで、家に帰った方がいい。鼻の右穴に指を入れて「ああ」と左穴で息を吸うと直るよ。密教の呼吸法。呼吸法をしなくても、「ああ」のマントラに集中すれば大丈夫。

この1音節でも、マントラとなるようだ、とのこと。

寝ると夢を見る

2007 年 6 月 2 日の聞き取り

　亜歩郎に入るとき、非常に弱々しいお爺さんがちょうど出て行った。亜歩郎の（唯一の？）レギュラー。髪は真っ白で、痩せていて、小柄。バッジとかわいい飾り物をたくさんつけた杖に頼りながら、ほとんど進んでいるかどうか分からないぐらいの歩き方。彼がいつも使うテーブルには空っぽのコーヒーカップがあって、どうもそこにいたようだ。5 分後、自動ドアが開いて、あのお爺さんがうろうろと店に戻って来た。近くに座る。韓国人のママがやってくる。「先ほど万札渡したが……」とお爺さんの小さい声。「いや、いやお客さん、あれは千円札だったよ！　千円を貰って、600 円のお釣を返したでしょう？」もう一人のママも同感のよう。「千円札。万札じゃなくて、千円札」。お爺さんは何も言わずに、ゆっくりと立ち上がって、ほとんど進んでいるかどうか分からないぐらいの歩き方で、店を出た。

　お爺さんのことで私は紀光の話をちゃんと聞いていなかったが、どうやらハンセン病の話だ。

　熱帯性レプラ（癩病、ハンセン病）はスティーブ・マックイーンの映画『パピヨン』[1]で分かるようになかなか感染しない。マックイーンは患者達と一緒に煙草を吸ったりするし。日本の癩病はコンタクトでの感染はまれにあったけど、戦後は全く安全になっ

1　*Papillon* (1973). Steve McQueen (1930-1980) 主演。

た。それでも隔離政策が続いたのは、トムの論文にあるようなニンビー現象の関係ではないか。やはり、権力者は残忍。しかし最初の内、日本国民もその政策を支持していたよ、無知だから。医学を知らない。

　結核もね、日本人は戦前よく20代で死んでいた。宮沢賢治と石川啄木[2]。抗生物質が特効薬だと分かったのは戦争が終わって米軍がやってきた時。結核に勝てるようになったのは、米軍のお陰です。私に対しても米軍は命の恩人ですよ。日本人は皆そう。

前回の話のプリントを読みながら、ホッファーの盲目について。

　人にはたまには目が見えなくなるのは必要かも知れません。私たちは見過ぎているじゃないですか。たまには全部シャットアウトするのはいいでしょう。ダークルームみたいに。

　ホッファーは波止場の王様。読んでいるのは私だけじゃない。港湾労働者には人気ですよ。エリック・ホッファーの時代、まだまだ manual labor 肉体労働がたくさん必要だった。港湾では人足不足で、仕事は腐るほどあった。しかも1日1万5千円だった。今の若い方々、インターネットカフェで寝てそして日雇いで働く連中、一日働いてもたった8千円ですよ、8千円！　だいぶ変わったよ。私とエリック・ホッファーが経験した生活はもう不可能じゃないでしょうか。

――密教の呼吸法に関して

「ああ」の呼吸、必ず寝る前にやっているよ。1、2分だけでもいい。

2　宮沢賢治（1896-1933）は胸膜炎と肺炎で亡くなった。37歳。石川啄木（1886-1912）は、26歳で肺結核のため、若死にした。

―― （スタートラインの絵に描いた）密教のシンボル（144 頁の
マントラの文字）に関しては？

Beyond the language!　　Beyond the idea conception![3]

――紀光は誰に仏教や密教を教えてもらったか？

　仏教・密教の関心はドイツ人のヘルマン・ベック[4] とイギリス
人のクリスマス・ハムフリーズ[5] の本を読んで。それでチベット
仏教のマニアになった。ベックの本が私に飛んできました。50
歳を過ぎてから、寿の労働センターの前にいた時、図書室係はた
くさんの要らない本を捨てていた。その中にはヘルマン・ベック
の本、『仏教』があった。文庫本の上と下。労働センターの図書
室から捨てられて。その日処分された本の中には 3 冊の読みた
いやつがあった。シェイクスピアの研究とか。中国とアメリカの
外交関係とか。そしてヘルマン・ベック。

　何となくジョージ・オーウェルが会話に出た。

　オーウェルの作品には理想主義、ユートピア的な考えがある。
でも地に足がついています。しっかり経験に基づいて話している
から。労働者の見方で世界を見ているし。オーウェルは当たって
いる。人類はダーウィン的な進歩をせずに、むしろ劣化している。
あの人は経験しているから尊敬しますよ。スペインの内戦で撃た
れてしまって。

3　言語を超える！　　概念を超える！
4　Hermann Beckh (1875-1937). ドイツ人の思想家・東洋学者。
5　Christmas Humphreys (1901-1983). イギリスの法廷弁護士で、*Karma
and Rebirth* など、多くの仏教関係書籍を著した。

『1984 年』は傑作ですね。アーサー・C・クラーク[6] の『2001年』に負けない。「テレスクリーン」がキーワード。プライバシーのない生活。独裁者はあらゆることを見ることができる。集中的権力。Central power, central heating（集中権力、セントラル・ヒーティング）。今の社会には監視カメラが多いですね。国会とかそういう所にあってもいいけど、銀座とか渋谷においてはいけない。だって、犯罪が完全に無くなったら、探偵映画とか犯罪小説は作れなくなるから。犯罪とかギャングは文化の一部で、人気が高い。彼らをみな潰そうとするのはファシズムですよ。慈悲の精神、Compassion（同情）、それが権力者に一番必要なものですよ。

――じゃあ、この間紀光の財布を盗んだ人を逮捕してほしくないのか？

　逮捕してほしいよ。彼らはバクテリアとかウィルスのようなもので、どうやって根絶するのかはチャレンジ。人間のカルマを考えると、人を苦しめた人は一回地獄に行ってもらって、修行をしてもらう。その地獄は刑務所だと限らない。自分の中の罪の意識とか。ジャック・ザ・リッパーとかサフォーク・ストラングラー[7] とかロシアのロストフ・リッパー[8]、ヒトラー、アイヒマン……、死んでからでもいいから、苦しんでもらいたいですね。

6　Arthur C. Clarke (1917-2008). イギリスの SF 作家。
7　The Suffolk (Ipswich) Strangler. 2006 年、イギリスのサフォーク郡イプスウィッチ市で 5 人の売春婦を絞め殺した男。
8　ロストフ・リッパーはアンドレイ・チカティロ（Andrei Chikatilo, 1936-1994）のこと。1978～1990 年、女性と子供を 53 人刺し殺したとされる。

地獄はちゃんと存在しますよ。因果関係は自然の法則。人を殺せば、罰があたる。アメリカには死刑があるけど、それはいいじゃないですか？　因果関係、やることとその結果、の大法則に沿っていますから。ヒューマニズムをアメリカの社会に適用しようとしたら、完全にパンクするよ。

——でも先ほどの「権力者の慈悲」はどうする？

犯罪者は例外。人を殺したら、死んでもらうしかない。だって、人間だから自己責任がある。オレたちは動物じゃないからね。野毛山動物公園の猿ではないよ。

——紀光は酔っ払いすぎで、馬鹿げた話ばかりしているよ。部屋に帰って寝た方がいいでしょう。

人間は寝る。寝ると夢を見る。空中を飛んでいる夢とか。

紀光はシュルレアリスティックな漫画をたまに描く。次頁の絵については要説明でしょう。まずゲーリー・ラーソン（Gary Larson）という漫画家がいて、彼の有名な『ファー・サイド』（Far Side）シリーズにこんな絵がある。船が沈没した後で、ある男とある牛だけが救命ボートで逃げた。食料は切れてしまっているから、男は「牛を殺してステーキにして食べたい」と思っている。牛は「男がずっとそこにいれば、彼の体に美味しい草が生えるかな」と思っている。それをギルの息子が小5の時、スケッチ帳に写した。そして7年後に、その（ほとんどブランクであった）スケッチ帳を紀光にあげたとき、その絵が最後のページにあるとは気がつかなかった。紀光はその絵を発見して、バズーカ持ちの米兵を加えた。米兵は男と牛をソ連の兵隊だと勘違い

惨　状

してしまい、Kozack [Cossack] busted [bastard] bitch! Peath [peace] breaker!（このコサック野郎、平和の敵！）と叫んで、撃つ。米兵は水面下にいて、細長いストローで空気を吸っている。101頁の話で出たヴィスワ川の水底を歩いて東ドイツから逃げた人と似ている感じだ。Be careful under the water!（水面下で気をつけろ！）と書いてあるが、「水面下のものに気をつけろ！」という意味でしょう。牛も警告を出す、Something else behind your back（お前の背後に何かあるぞ）。でも空しい。バズーカの弾はボートのど真ん中に命中するようにロック固定されている（Rock [Lock] on target!）。それを見ている蛸は実はただの蛸ではなく、有名なイギリス人の軍事戦略専門家、リデル・ハート（Basil Liddell Hart[9], 紀光語では Redell Hart）である。ハートのコメントは Nothing I can say analysing about this horrable [horrible] scene（この悲惨な場面の分析に関して何も言えません）である。

　つまり、紀光は何を描こうとしても、第二次世界大戦のテーマに戻る。彼が描く人物は皆似ているもので、どういうつもりで描いても、兵隊に見える。その戦争の感覚には歴史の学術書とハリウッドの戦記物映画が微妙に混ざっている。そして悲惨な雰囲気がイメージ全体に浸透しているが、ブラック・ユーモアは残っている。

9　Basil Liddell Hart (1895-1970). ハートの軍事戦略論はヒトラーの「電撃戦」(blitzkrieg) 作戦に影響したと言われる。

因果応報について

2007 年 6 月 10 日の聞き取り

　暗い、曇った梅雨の日で、朝から雷雨。この日は神奈川大学の
轟木義一特別助手[1]（物理学）も聞き取りに参加した。記録は編
集中だから、主に前のセッションで意味不明の話を確認した。そ
れで話はいつもよりさらに連続性に欠けているのですが、悪しか
らず。

　中沢新一をなぜ絶賛するか何回か聞いたが、「チベットに行っ
て修行したから説得力がある」という感じだった。紀光が経験を
元にする知識を大事にしているのは分かるけど、それだけで中沢
先生を尊敬するというわけではないでしょう？　この質問に対し
て紀光は大笑い。それでも押したら、下記の返事。
　尊重しているのは中沢先生の Thought（思想）ですよ、それは
経験から生まれたものだけどね。体を鍛えて、頭も磨いて、すば
らしい。まずイメージ・トレーニングという基礎練習、自衛隊の
ように。軍隊でもイメージ・トレーニングをやりますよ、暴力団も。
Target Practice（射撃訓練）、Virtual Training（バーチャル訓練）。
それで薄皮が剥ける、蛇や蝉のように脱皮するね。生まれ変わる。
1回目は女性から生まれる。2回目は悟りという形で生まれる。
図にある宇宙卵はドゥルーズとガタリ[2]のアイディアです。

1　当時。現在は千葉工業大学教授。
2　Gilles Deleuze (1925-1975) と Pierre-Félix Guattari (1930-1992)。フ
ランスのニューウェイヴ哲学者のコンビ。宇宙卵 (cosmic egg) はもともと

生まれ変わり

ジョルジュ・ルメートル (Georges Lemaître, 1894-1966) が発想した天文
学用語で、大宇宙は完全な球体ではないという論。それを、大宇宙・世界・
人類が一つの卵から生まれたという古代神話（中国、エジプト、フィンラ
ンド、インド等で幅広く見られるモチーフ）と合併させたのはドゥルーズ
とガタリである。"There is a fundamental convergence between science
and myth, embryology and mythology, the biological egg and the psychic
or cosmic egg" (Deleuze and Guattari, *A Thousand Plateaus*, 1987, p.164)
「科学と神話、胎生学と神話学、生物的な卵と心霊的・宇宙的な卵の間に
根本的な統合関係がある」（ギル訳）。原書 *Mille Plateaux,* 邦訳『千のプラ
トー：資本主義と分裂症』。

宇宙卵→誕生、だが未成熟→ 10 年 20 年 30 年苦しんで修行すると第 2 の誕生！　生まれてすぐ悟りが開ける人もいる。中沢新一はたぶんそうだ。私の場合は、まだ。カルマの軽重による過程の差です。そして悟りが開けば女に戻る。我々は宇宙の一部でありながら、宇宙を創設する。(大笑い)

──中沢先生の政治的観点についてはどう思う？（轟木）

仏教と共産主義はあまり合わない。でも中沢先生は普遍的で唯物的で左でも右でもない。中沢先生はテレビに出てくると神話などの当たり障りのない話をする。昔話から現代の話を演繹する、比喩する。悟りを開いているなぁと感じます。中沢さんが日本の仏教に駄目出ししたところが印象的でした。物理学的な隠喩を使うと、日本の仏教学には外延量[3]が多すぎる。ゴミが多すぎる。シンプレクティック多様体[4]。Vector の空間の中のオブジェクト。ヘーゲルの弁証法のように、上にあがる。上に行くのは仏界、菩薩界、悟りの世界。横に行くと地獄、阿修羅のところで終わってしまう。マルクスが言うように弁証法的なベクトルが右左に動いて上昇していき、やっと悟りに着く。女とか金とか見栄っ張りとかそういうのが張り付いては、悟りにまでたどり着くことができない。それはいわゆる、「外延量」、「ゴミ」です。中沢が言っていますよ！ (図を伝票の裏に書く)

3　111 頁 注 7 参照。金・セックス・売名など、悟りへの道を阻むものを物理学用語で話しているようだ。
4　Symplectic manifold. 111 頁注 8 参照。「紀光は正しい意味で使っていないが、現世を指しており、それは螺旋構造のようなものをイメージしているのではないだろうか」(轟木)。

喫茶店「亜歩郎」の伝票

　より細かく書くように求めると、今回アドルフ・アイヒマンの絵を描く。

　天国に上がろうとしていますが殺したユダヤ人たちが引っ張っていて、上がらない。

　デイビッド・ヒューム[5]が言う因果の理法。この方（絵のアイ

5　David Hume (1711-1776). スコットランド人の歴史学者・哲学者。人類が明確な根拠無しで物事の間に因果関係を求める傾向を "Post hoc ergo propter hoc"（ラテン語「このあとに、ゆえに、このために」）という論理的な欠陥だと批判した。しかし紀光は先ほどかなりあっさりした因果関係論を話していたような気がする（因：罪、果：罰）。

外延量

ヒマン）は悪いことをやってしまったからとことん苦しまない限
り悟りが開かない。アイヒマンはせっかく若いころいい人だった
のにね。二枚目の将校で、もてる男だったのに。ナチスにはそう
いうタイプが多いですよ、二枚目。弁証法は右回りなら善業、だ
が、アイヒマンは左回りで悪業。ネガティブ・フィードバックの
ブートストラップですね[6]。

6　ブートストラップ (bootstrap) に関して、110頁注5参照。Negative
　Feedback は電子工学では「システムの出力を入力に戻す機構」。隠喩的に
　は、心理学、経済学、哲学などでも使われる。紀光の物語ではアイヒマン
　はユダヤ人虐殺で発生した悪いカルマをネガティブ電波のように感じて、

——その日、また息子がイギリスで受ける哲学の試験が気になって、倫理問題としてよく出るテーマ「安楽死」について紀光の意見を聞いた。

安楽死？　本人がやってもらいたければいいじゃないですか。「死にたい」「リラクゼーションしたい」。私だって、体が動けなくなったら、安楽死に応じます[7]。「私を殺して、死体の残りを東京湾にばら撒いてください」と。魚の餌になればいい。生きている間、鮭とか鮪をたくさん食べているから、「ごめんなさい、今回はオレの番だ」というのは常識じゃないですか。「魚たち、すみません！　君たちをたくさん食べたが、今私を食べてください。魚さん、ありがとう！」

チベットのラマさんは死んだら、死体を山に捨ててもらって、鷹などの鳥に食ってもらう。同じことだ。私も、死んだらぶつ切りにしてもらって、富士山に置いてもらって、イーグルとかバザードに食べてもらいたい。バザードのデザート。味付けは自分でやって、頭に塩をかけて。仏教的な考え方ですよ。（笑い）

最後に、紀光は突然思い出して、シャツ・ポケットから5千円札を取り出して、私に返しました。これで数ヶ月前に貸してあげた1万5千円のうち、1万は返されました。残りの5千円はチャラにしようかな。

右回りで悟りの天辺に行けなくなって、代わりに左回りのマイナス螺旋で地獄のようなところに降りてしまう。しかし紀光が言う「ブートストラップ」は終わりのないループという感じもしないでもない。よって、アイヒマンさえ、地獄の中で苦しい経験をしてから、右回りに戻り、天国（のような所）に行けるかもしれない。

7　安楽死が将来認められるようになったとしても、それは要請されて応じるものではなく、選ぶものになるだろう。

社会人類学からみた紀光

戦争のこだま

紀光さんの面白おかしい話の解説ですか？

　ある意味では第二次世界大戦のこだまだと言えるだろう。終戦時たった5歳だったにしては戦時中の話があまりに多いから、一部は想像しているのではないかとさえ思ったことがある。私は2歳から4歳までウガンダで暮らしたが、その時の思い出と、後で親に聞いた話や見せてもらった象やキリンの写真が混ざってしまって、何が本当の記憶なのか分からなくなることがある。紀光の記憶にも、実際の戦争時のものとその後の話やイメージとの混乱があるかもしれない。とにかく第二次世界大戦は紀光の世界観に絶大なインパクトがあったのは間違いない。

　一つのエピソードに戻りたい。戦時中、お父さんのプロジェクターで上映されたニュース映画で見たナチスの突撃隊と、敗戦直後、実際に町に来た巨大なアメリカ兵との差がはっきり分からなかったという（69頁）。5、6歳の紀光には同じスーパーマンが、ある時はヨーロッパを征服し、今回は日本を支配しに来ていた。彼のブロンド軍人漫画をさんざん書く癖は、この幼いころの経験から生まれたのだろう。

　軍隊を考えるとき、二つの軸があり得る。一つは善悪の軸。善悪の軸で考えると、ナチスの軍隊が悪いことをやっていたのは現代人のコンセンサスだろう。ならばその敵の米兵は「善」となるかと言えば、広島と長崎への原爆投下や東京などへの焼夷弾大空襲があったし、1945年8月15日まで日本では「鬼畜米英」で野蛮人と野獣の間のような存在だった。その存在が突然民主主義のヒーローだと言われてもそう簡単に受け入れられないだろう、特に5、6歳の子供には。

　一方強弱の軸もある。この軸で考えると簡単だ。ブロンド・スー

パーマンは強い。自分は弱い。以上。これはよほど分かりやすい。戦争を考えるときも「善悪」と「強弱」の軸がある。太平洋戦争を「悪い戦争」と呼ぶ日本人が多いが、話をよく聞くと「倫理的に悪い戦争」なのか、「負けてしまったから悪い戦争」という意味か、はっきりしない。紀光には、そういう曖昧さはない。太平洋戦争は倫理的に悪いとはっきりしている。ただ、善悪より強弱の方に関心がある。

　紀光が絵を描くとき、日本人と女性を描くことはまずない。私に頼まれ昔の上月晃とその親友を描いてくれたが、自分が選ぶテーマなら、外国人の男。しかも、黒人やラテン系ではなく背が高い、髪の毛がくるくるウェーブしている、ヒトラーが空想した「アーリア人」。紀光はホロコーストを考えるとき、ユダヤ人＝弱い人＝自分＝同情。ナチス＝強い人＝相手＝憧れ。「憧れ」は言い過ぎかもしれないが、先日紀光に聞いたら「好奇心はありますね」と認めた。

　もう少し注意深く紀光のギター（18頁）を見よう。ギターの丸い穴の周りに4人の男が描かれている。右上と左下は「SSの軍人」。紀光が描くナチスは必ずSS、つまりエリートで特に冷酷な評判だった軍人。左上と右下は「ユダヤ人」。両者が同じウェイトで描かれている。ナチスは襟に書いてある「SS」と鉄十字という勲章ですぐ分かる一方、ユダヤ人は「ダビデの星」が右肩に付いている。これはヒトラーが義務付けた「恥のバッジ」である。右下のユダヤ人の周りに英語で Buchenwaldz; I was such a victim; I was modellen [modelling] such a deth [death] mask と書いてある。「ブーヘンヴァルト（収容所）、私はそういう犠牲者だった。デスマスクの型を取られたんだ」のような意味。絵の中では加害者と被害者の姿が似ていて区別がつきにくいが、ユダヤ

人は話をするけれど、SS 兵は何も言わないという差がある。
様々な文脈でこのナチス対ユダヤ人のテーマが出てくる。最後は
157 頁の「外延量」の話の隠喩としてである。このイラストでは
アドルフ・アイヒマンは天国に上がろうとしているところだが、
外延量、つまりこの世で犯した罪による悪いカーマが邪魔になり
上がれない。その罪は、収容所の服を着た、彼に殺されたユダヤ
人 3 人に表現されている。彼らはアイヒマンよりずっと姿が小
さいが、力を合わせて引っ張り、このナチスの大物を何とか止め
ることが出来そう。

　ここに善悪の軸と強弱の軸の交差点が見える。普通に考えると
アイヒマンが天国に上がれない理由は「悪い」からだが、このイ
ラストでは「弱い」から上がれない。倫理の問題が力学的な問題
として書き直せられている。もちろんユダヤ人の姿が小さいのは
倫理的に劣等だからではなく、たんに「弱い」からである。にも
かかわらず力を合わせてアイヒマンに勝てるのは人類に紀光がま
だまだ希望があると見ているからか。単なる弱肉強食の世界では
ないのである。

　戦後、米兵はナチスに対する紀光の憧れ・好奇心の的のあとを
継いだ。しぶしぶと「黒い髪の毛とか、黒人もいました」と認め
ながら言う、「米兵は理想的な人物像。バブルガムをくれたりし
たし。私が絵本で知った古代ギリシャやローマの軍人と似ている
姿。目が青くて、金髪」（77 頁）。

　後に自衛隊員として元米軍基地に赴任し、図書館の充実に驚く
（82 頁）。体がデカいばかりではなく、図書館もデカい、インテ
リスーパーマンか。紀光の外人コンプレクッスは一層深まる。そ
の後、読書や寿での体験を通して、ある程度克服していったよう
にも感じる。例えばアジア人や南米人と付き合って、世界は「で

かい白人対小さい日本人」より複雑、かつ楽しい構造だと分かった（96・112頁）。

女性コンプレックス

　外人コンプレックスに負けないぐらい、女性コンプレックスも強く、自衛隊で男のみの「騎士の社会」を求める（80頁）。しかし本当に戦う必要があれば米兵がおそらく代わりにやってくれるという意識は常にあり、自衛隊は兵士ごっこみたいな感じでそれなりに楽しいが完全な男らしさの気分にはならない。先の強弱の軸で考えると、米兵＝本当の兵隊＝本当の男。日本の自衛官＝兵隊ごっこ＝劣等な男。

　セックスは買春のみ（129頁）。買春は男性中心社会の現れだとフェミニストによく言われるが、紀光は逆に自然な行動に男性が金を支払わなければならいことを、男性の弱さを意味することと見なす。紀光の良く話すテーマに「母系・女系社会」としての日本があり（106・119～120頁）、その社会では「男は女に勝てない」（129頁）。自分が酔っぱらっていない限り女性と話すことさえできない（同）こともあり、強弱で考えるなら、女強男弱である。彼の「母系社会」の持論に科学的な根拠はどうであろうと、面白い洞察に繋がることがある。例えば日本人男性による暴力や無慈悲さを、女性を支配できないことへの欲求不満の表現と捉えている（120頁）。その通りだと思う。ただ、決して日本人だけに限る話ではないだろう。

　一方、「アメリカやイギリスは父系社会で、子供は主に父親のもとで育てられる」（119頁）という。つまり、紀光は母系と父系という用語を独特な意味で使う。人類学的な使い方では、母系社会は子供が母親の姓を受け継いだり、本家の筆頭者は女性で

あったりだが、そういう意味では日本は女系社会ではない。しか
し紀光用語では、日本の男は父親との関係より母親との関係が強
いことをいう。例えば戦場で死にそうになっていた日本兵は天皇
でもなく父親でもなく母親の名前を呼んだと指摘する。紀光の二
極論によると母親のもとで育てられた日本兵がそうであるなら
ば、戦争で勝った米兵はおそらく父親のもとで育てられたという
疑問符のつく結論にたどり着く。

　その延長線として、紀光は食生活と国民性を結びつけ、日本と
アメリカを、それぞれ魚を食べる文化、肉を食べる文化としてと
らえる（84・113頁）。これもかなりの単純化であるのは言うま
でもなく、古い日本人論にも出てくるテーマでもある。現在の流
行語「草食男子」にも見当たる。面白いことに「草食男子」の反
対語は「肉食女子」であるが、紀光の二極論では「魚や米を食べ
る日本男子」に「肉食のアメリカ人男子」を相対する。こういう
風に民族劣等感とジェンダー劣等感を混ぜるのは世界中に見られ
るパターンでもある。

ヒトラーと麻原彰晃

　男性の役割を重苦しく感じる紀光には、さらに長男の役割が重
苦しくのしかかる。家族の名誉となるキャリアを歩まなかったこ
とを恥とする感覚がある。交通事故で亡くなった弟を守ることも
出来なかった（105頁）。子供の時、二人の弟に対して天皇のよ
うな振る舞いをして、「A級戦犯」であった（103頁）。すぐ「深
い意味はない」と言うが、60年後に寿町の友人に「ヒトラー」
と呼ばれていることと（76頁）、奇妙なこだまがある。つまり、
私的な問題と公的な問題がワンセットになっている。戦争での日
本の権力者の責任、いじめっ子だった長男の責任。

　紀光にとってヒトラーに当たる日本人はオウム真理教の教
祖、麻原彰晃である。オウムによる東京地下鉄サリンガス襲撃は
1995年3月20日だった。3日後の3月23日に紀光と会った。
私が、「貧困家庭の視覚障害者であった麻原がせっかく無制限に
金とセックスを手にしたのに、国家を敵に回してしまって自滅し
たのは不思議だ」と言ったところ、紀光はこう答えた。

　「金とセックスがあるなら、次にほしくなるのは権力だね。麻
原が選んだ武器がヒトラーの科学者が開発したサリンガスなのは
偶然じゃない。国家が弱ってしまったところを責めることも似て
いる。ヒトラーはワイマール共和国の政治経済の危機で苦しいド
イツを、麻原はバブル崩壊と阪神大震災で苦しい日本を攻撃す
る。麻原が霞ヶ関を狙ったのは、権力を破壊して代わりに自分が
権力になろうとしてた証拠だね」（フィールドノート、1995年3
月23日）。この後、やはり麻原は権力を握る夢を見ていたことが、
世界のマスコミで報道された。

　ヒトラーは「今地獄ですよ」（143頁）と言うし、新興宗教は「無
根拠な信念を売り物」にして「弱った、疲れた人の心をつかむ能
力がある」（91頁）という。善悪なら「悪」。強弱なら「強」。そ
して、コリン・ウィルソンの名作『アウトサイダー』と出会った
とき、「一晩中読んで、興奮状態だった。麻原彰晃のようなイン
パクトがあった。コリン・ウィルソンは私の麻原彰晃」（121頁）
と言う。もちろん隠喩ではあるが、その「圧倒的な知性の力で私
を圧倒する」ウィルソンの例えとして選ぶものが麻原であること
は示唆的ではないか。自分の弱さと、強い「グル」へのニーズを
認める意味があるだろう。

アフォーダンス

　ここでアフォーダンス（90~91・108~110 頁）というテーマに戻りましょう。英語の動詞 afford は「何々をする・買う余裕がある」という意味で知っている日本人が多い。例えば I cannot afford [to buy] a new car（私は新車を買う余裕はない）。必ず can（できる）と一緒に使う。しかしもう一つの使い方もある。それは何かを「提供してくれる」という意味で、例えば this room affords a lovely view は、自然な日本語に訳すと「この部屋から素敵な景色が見える」だろうが、文字通り訳すと「この部屋は素敵な眺めを提供してくれる」となる。

　ギブソンのアフォーダンス概念は後者に近い。つまり、部屋が素敵な景色を提供してくれるのと同じように、椅子は私に座る可能性を提供してくれるし、ドアは部屋に入る可能性を提供してくれる。こういうアフォーダンスを全部合わせると、環境が人間に与える可能性の全てになる。この用語は視覚心理学や人間工学でよく使われるが、紀光用語としては人間の自由が環境に制限されている意味になる。人間はなんでもできるという純粋な自由論は間違いで、実は人間は環境に許されることしかできない。

　紀光は敗戦直後の学校生活について「将来の夢はなかった。今日明日生きられるといい、それで精一杯。毎日アフォーダンス、まったなし」（78 頁）と語る。これは切羽詰った生活を意味すると思う。日常生活のアフォーダンスは制限されていて、将来に関して夢を見る余裕はなかった、ということだろう。

　ライオンの話がよく出てくる。まず 78 頁では学校時代の自分のことを「ライオンに食われる前の鹿」と言う。そして 90 頁で「自然の世界で子供が生まれるとき、それをライオンから守らなければならない。外と内の間に壁はない」と言う。113 頁では「われ

ら労働者はライオンに面する、アフォーダンスでやっと生きてい
ただけ」と言う。

　「ライオン」は詩的なイメージで、文明化前の人間社会のリス
クを指す。日本ではライオンに襲われることはまずないが、貧困
や飢えや暴力という社会経済的な「ライオン」に襲われることが
ある。本物のライオンに面する鹿であろうと、貧困・飢え・暴力
に面する人間であろうと、アフォーダンスの範囲が厳しく制限さ
れていて、逃げるか食われるか、しかない。日雇い労働者は文字
通り「その日暮らし」で精一杯。

　紀光は夢を見る余裕をずっと求めて来た。物理的に貧しくても、
結婚や家庭生活はなくても我慢できるようだが、一杯飲みながら
本を読める時間だけでも確保し、社会環境の「ライオン」から逃
げたい。20世紀の後半の日本は、建設や港湾のブームで、資格
があまりない独身男でも毎日働かなくても生きていける環境を提
供してくれた。そのアフォーダンスのおかげで紀光は独特な思想
をゆっくりと開発することができた。

　紀光の見方ではほとんどの人はアフォーダンスに許される範囲
内で生きるしかない。数少ない、その原理を破ることができる人
はスーパーマン。スーパーマンは自分の環境に作られるのではな
く、その環境を作る。ヒトラーや麻原はアフォーダンスに提供さ
れたもので満足せずに、もっと取ろうとした。「やられ手」の世
界の中で、「やり手」になろうとした。それが紀光の彼らへの好
奇心の原因だろう。

　紀光の無差別殺人事件への関心（102頁）には殺人者研究を多
数出版したコリン・ウィルソンの影響もあるだろうが、紀光の持
つニーチェ的な善悪と強弱の考え方からも説明できる。善悪で考
えれば、悪中の悪。強弱で言えば、名無しの権兵衛は突然自分の

周りを劇的に変え、弱者は強者に一気になった。アフォーダンスの制限を超えた、一瞬の、ねじれた、スーパーマンになった。

紀光の事件

ここで紀光自身の犯罪歴を見ておこう。運賃未払い乗車などは小さな悪事だし、「国家」や「当局」を相手にするなら自分と同じ「人間」に害を与えるような問題性はないという気持ちだと分かるが、与えられたアフォーダンスを少しでも超えて行動範囲を広げようとする試みとしても読み取れるかもしれない。しかしあの、2年半も服役した傷害事件（125～128頁）では害を他人に与えてしまった。寝ていたとき私物を盗まれ1ヶ月経って、路上で見た男にいきなりナイフで斬り付ける。「犯人である可能性が高い」というが、そうでない可能性も認める。「戦略爆撃みたいなもんだ」と言って、やはり第二次世界大戦で非戦闘員をたくさん殺した大都市の爆撃と関連づけて、それで自分の犯罪を説明しようとする。つまり、自分の人生の「戦争」では、相手はどうせ悪者という意味では「敵」だし、戦争ではたまには違う人に傷をつけてもしょうがない、か。米軍の言葉では collateral damage（付帯的被害＝仕方がない民間人殺傷）と言う。

そう整理すると全く狂った話に思えるので先日、紀光にあの事件に関して聞いてみた。「人生で一番後悔することだね。どれだけ大きな傷を付けたか分かったら、ショックだった。とても許されないことだった」と暴力を振るったことを反省している。しかしあえて言えば、反省しているのは「暴力を振るった」ことであり、相手は自分を襲ってきた男ではなかった可能性に触れていない。

紀光の傷害事件には奥崎謙三（1920～2005年）を思い出すところがある。奥崎は原一男監督の問題作『ゆきゆきて、神軍』(1987

年）で紹介されている。太平洋戦争で兵隊だった奥崎は、自分の
部隊の上官が罪のない二等兵を二人銃殺し、後で遺体の肉を食べ
た罪で疑わしく、最後に鉄砲を持ってその上官の一人の家に行く。
元上官が留守で、代わりに玄関に出たその息子を撃つ。

　後々暴力を反省している紀光だが、奥崎と似ている感じがする
のは、「仕返し」は個人と個人の間ではなく、個人とクラスで行
うものであること。奥崎にはそのクラスは「上官関係者」、紀光
の場合は「マグロの巣窟」の連中である。

　あるいは紀光を苦しめたすすきのの売春婦に関しても、「彼女
たちがやっていたことは何となくジャック・ザ・リッパー への
仕返しと思わざるを得ない」（129 頁）と言う。やはり紀光が言
う「仕返し」は個人対個人ではなく、この場合はジェンダー確執
のようなもの。

　ここで紀光のよく使う言葉、ルサンチマンを思い出す。「弱者
が強者に対する憎悪や復讐心を鬱積させていること」で、怒りの
対象は特定の存在から一般へと広がってしまう。紀光は 143 頁
で自分が日雇い労働者になったのは運命だったから「私にはルサ
ンチマンはない」と言う。今はそうだろう。波乱万丈の人生の中
で思想を深めた結果だと思う。しかし若いときは違ったのではな
いか。

　ドヤ街運動家が好むスローガンの一つは「やられたらやりかえ
せ」である[1]。誰が誰にやられたら誰にやり返すか、はっきりし
ない。おそらく「労働階級が資本階級にやられたら、（革命を起

1　この言葉は、本や映画のタイトルになっている。釜共闘・山谷現闘委・
編集委員会編『やられたらやりかえせ：実録釜ヶ崎・山谷解放闘争』（田
端書店、1974 年）。佐藤満夫・山岡強一共同監督『山谷（やま）：やられ
たらやりかえせ』（1985 年）。

こしてでも）やりかえせ」というような解釈は正論だろうが、あいまいさが残る。どちらにせよ、紀光と奥崎はそういったオーソドックスなマルクス主義のクラス意識はあまりない。彼らの戦争は個人対個人ではなく、階級対階級でもなく、個人対階級である。結果は多くの人が「狂っている」としか思えない行動である。

　紀光のグル、中沢新一の言葉を引用しよう。

　　　もっとも深遠な哲学からもっとも危険な政治的存在が出現してしまうことの恐ろしさを、二〇世紀の歴史は実証してくれました。さまざまな「人食い」がいなければ、人類の思想はついに凡庸の水準を抜け出ることはなかったでしょう。そうすれば、ソクラテスもヘーゲルもニーチェもハイデッガーもいなかったでしょう。しかし、凡庸を抜け出たところには、危険が待ちかまえています。そのことを、対称性社会の人々は、知り抜いていました。
　　　『熊から王へ　カイエ・ソバージュⅡ』（講談社、2002年、186〜187頁）

　紀光も、グル中沢のように、凡庸を抜けた思想の危険性が分かっている。ナチスには好奇心があっても、殺されたユダヤ人に仲間意識がある。だからこそ、ドヤ街を「一種の収容所」（22・25〜26頁）だと言うのだろう。

屋根と根っこ

　もう一つの伝統的なドヤ街運動家のスローガンは「黙って野垂れ死ぬな」である。船本洲治というドヤ街の運動家の本（れんが書房新社、1985年）のタイトルにもなっている。ごく最近まで、紀光のような男は体を壊して仕事が出来なくなると、貯金・年金

など無いから野垂れ死にで終わってしまう、文字通りの使い捨て労働者であった。90年代まで、生活保護を申請するときドヤの部屋を「住所」にすることは認められなかった。「住む」施設ではなく、「一時宿泊」の施設だから。同じドヤに夕べ入った人もいれば、20年間暮らしている人もいるのが実際なのに。皮肉にも、社会福祉の助けを最も必要とするホームレスの人は住所・住民票がないため、申請さえできなかった。しかし日雇い労働組合などの長い運動もあり、日本の社会福祉の考え方が徐々に変わってきた。今は、一泊さえすれば、ドヤの部屋を住所に使い生保に申請できる。それもありドヤ街の生保受給者が激増した。今まで野垂れ死にに向かう日雇いの人生は生活保護という、より柔らかい暮れに方向を変えた。ホッブズがいう自然状態の「孤独、貧困、不快、粗暴、短い」人生が、現代先進国家の下で、もう少し長く、心地よいものになってきた。紀光の用語では横浜市のアフォーダンスは多少よくなった。長期路上生活や野垂れ死にから免れられるようになった。

　紀光は何回か路上で寝たことがあるが、自分のことを「ホームレス」だと思ったことはないと言う。「ホームレスなんかじゃない。ただ今夜はちょっとドヤ代が手元にないだけだ」。しかしアメリカ社会学のシカゴ学派では、たとえ頭の上に屋根があっても、一人で格安のホテルに暮らし、家庭関係と安定した住居がない人を「ホームレス」と見なしてきた。いわゆる「屋根なし」対「根なし」（roofless vs. rootless）論議[2]の後者の一陣である。「根っこ」（親

2　Peter Somerville, "Homelessness and the Meaning of Home: Rooflessness or Rootlessness?" *International Journal of Urban and Regional Research 16*,1992, pp. 529-39 参照。

戚・身内の関係）がないままなのに、生活保護を受けて、住居事
情が安定化しただけで、人はホームレスではなくなるのか。シカ
ゴ学派はそれを認めないだろう。一方ホームレスではないと強調
する紀光が数年前に突然里帰りをしたくなったのは、根っこがま
だあるということを確認したかったからかもしれない。

　日本のホームレス男性には元日雇い労働者が多い。彼らのナラ
ティブは様々だが、「自立」を強調する人が多い。彼らが想像す
る「サラリーマン」は自立していない。毎日同じ職場に行って、
部長の前で頭を下げなきゃならない。家に帰ったら、今度は妻に
怒鳴りつけられて、また頭を下げなければならない。一方日雇い
は会社にも家庭にも縛り付けられていない。毎朝、今日は現場に
行くか、休むか、自分で決められる。外部から見れば貧しい生活
だろうが、自立性、あえて言えば「自由」がある。

　しかし、当人が老いてもう仕事ができなくなり、貯金も年金も
ない状態になったらどうする？　自立性を自慢にする男にとって
は、生活保護を申請し、国に頼るのは自尊心が傷つく。ごく一部
ではあるが、申請せずにホームレスになる人さえいる[3]。

　紀光は一味違う。彼も自由自在の日雇い生活の良さを唱えるこ
とがあったが、体が弱くなれば生活保護を申請することにためら
いはなかったそうだ。彼にとって、福祉はポストモダン社会のア
フォーダンスの一面にすぎない。福祉の形で彼を支援する日本の
納税者に感謝の意を表すし、福祉に頼ることで自立を多少犠牲に

3　2013年の1月、私は日本のホームレス男性の自立観をテーマにする論
文を出版した。「日本人の都市路上に散った男らしさ：ホームレス男性に
とっての自立の意味」サビーネ・フリューシュトゥック／アン・ウォルソ
ール編『日本人の「男らしさ」：サムライからオタクまで「男性性」の変
貌を追う』（明石書店）。紀光の事例も紹介した。

したと認めるが、そのことが彼のプライドを傷つけることはない。なぜなら、本当に自主性・自立性を持つ人間などはそもそもいないと、紀光が信じているからである。生まれる前から人生が決まっているという運命論も持っていれば、社会経済構造の見えない影響に操られていると考える社会決定論も持っている。人間は不自由であり、自由を求める動物である。会社員なのか億万長者なのか日雇い労働者なのか生保受給者なのか——それは二の次なのだ。

本と港

　以上の文章を読み直すと西川紀光はかなりの変人、おまけにかなり暗い人間に見えるかもしれない。しかしそうでもない。本人はだいたい陽気で、冗談を交えて自分の弱さを話す。言葉の遊びが大好きで、自由に連想して関係ないことをつなげる素朴な知的な楽しみを持つ。自分の死に関して話すときでさえ、「バザードのデザート」（158頁）というオヤジギャグを出す。紀光曰く、人生は「面白おかしい」。

　なぜなら、西川紀光には家・妻・仕事・金がないが、本と海はある。知的好奇心が常にあり、古本屋でそれを満足させる。日常生活がつらいとき、思想の世界に逃げる。抽象的な、理論的な思想を好む。そのようなとき紀光の頭は、哲学、社会学、数学、物理学など幅広いフィールドを自由に駆け巡り、それらの論理をつなぎあわせていく。

　紀光にとって海には様々な意味がある。まず、港で働く幸せ。荷役は重労働ではあるが、外国人の船乗りとの付き合い、港湾労働者の団結、そして海のそばで働く幸せはその辛さをはるかに上回る（93〜96頁）。と同時に、「私たち人間は水溶性の動物です

から……最後に求めるのは海」（101頁）と言う。川では「不安が残る」（同）から物足りない。紀光には海は聖なる場所である。だからこそ自分のヒーローに、モームやドストエフスキーと一緒にヨット乗り探検者フランシス・チチェスター他「海と闘った人間」の名が出る（66頁）。一見、ランダムな名簿に見えるだろうが、彼にとって海は無限な知恵を意味する隠喩であり、小舟で海に出る探検者は知恵を求める思想家に等しい。

　一方、紀光自身は一回もこの国を出たことがない。チベット、アリゾナ、ブラジル、ロンドンの東部……実際に見たことはなく、想像しているだけ。海を桟橋から見る港湾労働者である。これは、本を読むが書くことはしないことに重なるだろうか。海であろうと、本であろうと、紀光は観察者である。彼にとってそこが「やり手」と「やられ手」の間の my right place である。

（2013 年 3 月 22 日）

聞き書きの後のこと

2007 ～ 2011

トムとキミツ、その後

2007年8月にフィールドワークのためにカリフォルニアに行った。アメリカにいる間はいつも「また紀光に会えるだろうか」と思っていた。でも、紀光とその話はできなかった。彼には電話がない。サンタバーバラから絵葉書を送ってみたが、彼は後にそれを受け取っていないと言った。

2008年3月に帰国。私の家は6月まで貸し出していたので、3ヶ月間、寿のドヤに住むことにした。寿町は評判ほど悪くはない。私のドヤには生活保護受給者の他に中国人の留学生もいた。紀光は意外と体調が良さそうだった。私たちは何回かカラオケに行った。紀光は主に九州の感傷的な演歌を歌い、加えて 'I Left My Heart in San Francisco'[1] を歌った。サンフランシスコは港町なので、彼はサンフランシスコが好きだった。

6月中旬に自分の家に戻った。何度か紀光と飲みに行った。この本の原稿について「オレたち、なんとかしなきゃ」と言うと、「いや、誰もそのがらくたを出版するわけない」と彼は答えた。それはちょっと悲しいことだった。私たちが以前、本作りに取り組んでいたとき、紀光は思いを込めて語ったものだった——出版された本を手に、エキゾチックなイギリス人の教授の友人を連れて、

---

1 「想い出のサンフランシスコ」トニー・ベネットによる1962年のヒット曲。フランク・シナトラなど多くの歌手がカバーした。私が日本に来た当初（1983年）、カラオケには英語の歌は3つしかなかった。この歌と、ビートルズ「イエスタデイ」、フランク・シナトラ「マイウェイ」だった。

もう一度山鹿へノスタルジックな旅をしたいと。引退した保育所の園長で彼を落伍者のように思っているはずの姉にとってはかなりの驚きだろう。私もその瞬間を想像して楽しんだ。しかし今、紀光はその夢を捨ててしまったようだった。仏教者の放擲か。そしてだいたいいつも、彼は陽気で驚くほど元気だった。ドヤで孤独な夕暮れの時を生きている老人にしては。

　その後、大学より2010年から1年間、海外でのサバティカルが授与されるという通知を受けた。私はすぐにオックスフォードにある日産現代日本研究所でそれを使うように手配した。

　再び日本を離れる前に、原稿を直して出版社を見つける決心をした。徳川荘の紀光の部屋に行くと、彼は留守だった。後で分かったのは、2009年12月13日、紀光はコンビニで買い物をしているときに脳卒中を起こしていたということ。ある意味、幸運だっ

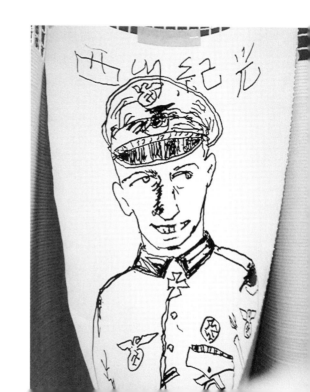

　病院のベッドに貼られた紀光によるイラスト。うれしいことにスケッチは続けていた。ナチスの士官の絵の上に自分の名前を書くことは自分の罪の意識を意味するのか、ただのいたずらなのか、解釈は難しい。

た。自分の部屋だったら彼は死んでいて、何週間も発見されなかっ
ただろう。

　紀光は非常に弱っており、ベッドに閉じ込められ、体の左側が
麻痺していた。ろれつが回らず、言葉にはつまずきがあり、意味
不明だった。話している途中で何を言っているか忘れてしまって
いた。しかし、長期記憶を失ってはいなかった。例えば、「クロー
ド・レヴィ＝ストロースが 100 歳で亡くなったことを知ってい
るか」と尋ねたら、「構造主義的人類学は二度と興隆することは
ないでしょう」と彼は言った。

　2010 年 3 月 30 日、私は日本を後にした。紀光は 4 月 19 日に
退院した。

　2011 年 4 月にイギリスから帰国したとき、3 月 11 日に起きた
東日本大震災のことで頭がいっぱいだった。やっと紀光を探す時
間ができたとき、彼は徳川荘を去っていた。 帳場さんは、別の
ドヤに行ったようだと言った。半年間、私は紀光と完全に連絡が
取れなかった。寿町がある横浜市中区の福祉事務所に問い合わせ
ると、紀光はまだ生きているとのことだった。しかし近年日本に
浸透している個人情報へのこだわりのため、紀光の住所を私に伝
えることができなかった。

　数日後、ケースワーカーから電話があった。紀光の部屋にいて、
自分の携帯電話を使ってかけてきた。紀光と電話を替わり、紀光
は再び私と話せるようになって、とても喜んだ。私がイギリスに
いる間、彼が 2 度目の脳卒中を患っていたことを知った。入院
の後、彼はより良いドヤに移され、社会福祉によって世話されて
いた。こうして紀光の新しいドヤの住所を知った。

寿町の変化

福祉の町

寿町は変わった。

「労働者の町」が「福祉の町」になってしまった。初めて紀光と出会った1993年、約100軒のドヤに約6000人が住んでいた。そのほとんどが男性で、約8割は日雇い労働者、残りの2割は主に生活保護受給者だった。2013年には、ドヤの数は110軒を超えていて、約7000人の住民がいる。平均年齢は65歳前後で、その8~9割が生保受給者である。老人クラブ、支援団体の格安食堂、無料医療センターなど、公・民の支援施設が目立つ。ドヤが増えた主な理由は、生保受給者を借り主に想定する「福祉マンション」が新設されたからである。昔の、湿っぽい畳と破けた襖と落書きとゴキブリのドヤとはずいぶん違う。見た目は小ぢんまりとしたビジネスホテル。きれいな建物だし、毎日掃除がされている。部屋にはテレビ、エアコン、冷蔵庫がフル装備され、布団ではなくベッドというケースが多い。建物の多くにはエレベーターがある。エレベーター付きドヤだよ！　昔の日雇い労働者には全くあり得ない話だ。

値段も変わった。20年前、ドヤ代は一泊千円以下が多かった。今は2500円前後が中心か。ホテルと比べれば、まだまだ安い。しかしアパートと比べれば、かなり高い。大阪の釜ヶ崎にまだまだ千円以下のドヤ（エレベーター無し）が残っているが、寿町はちょっと気取った値段になってしまった。

それでも、昔と変わらない点が2つある。一つは、部屋に水が

出ないこと。トイレは各階に3つ4つあり、共同型である。大風呂やシャワールームがある場合もあるが、まだまだ銭湯やコインシャワー（5分100円）で凌いでいる人が多い。

　もう一つ変わらないものはサイズ。あいかわらず2〜3畳が中心。長方形で、長いサイドでも私が横になって足と腕を伸ばしたらもう少しで壁に触れる場合もある。短いサイドにはそもそも横になれない。気取ったドヤでも、外壁を見るとエアコンの室外機の間隔が1〜2メートルしかないので、部屋の大きさがだいたい分かる。

　簡易宿泊所、つまり「ドヤ」は商売なのだ。部屋代が安い代わり、面積が狭い。宿泊費はビジネスホテルの2〜3分の1だが、面積はその4分の1。ドヤ街が現在まで残っている理由の一つは、儲かるからである。

　昔、宿泊客は主に日雇い労働者だった。帳場さんは宿泊カードを発行して、一日のドヤ代を貰うたび、その日のマスにハンコを押す。でも日によって、仕事が取れない。あるいは、帰り道にデヅラ（その日の賃金）を全額酒などに使ってしまう。だんだんと未払いの日数が膨らむ。ドヤとしては、滞納の分が入る可能性を分析した上、男を追い出すタイミングを計算する。不景気な時は、追い出した後に入る人がおらず、部屋がカラになってしまうかも。でも追い出しを待ちすぎると延滞分がさらに膨らむ。

　今は違う。客は日雇い労働者ではなく、生保受給者である。部屋代を払うのは本人ではなく役所だから、滞納はない。その代わり、部屋と建物がきれいじゃなければ、社会福祉事務所が登録を取り消すので、昔のようにゴキブリだらけなどはダメだ。

寄せ場と日雇い派遣

2020年現在、寿町はさらに変わった。

1974年から町の中心に聳えていた「寿町総合労働福祉会館」
が耐震性審査に不合格してしまい、解体された。この醜い、灰色
の、軍艦のような建物が2016年から2年間もかけて、沈没した。
代わりに新しい「横浜市寿町健康福祉交流センター」が2019年
6月1日、開館した。名前の変更は意味深い。「労働」が消えて、
代わりに「健康」と「交流」が出てきた。旧会館には2つの日
雇い職安があったが、センターには一つもない。

厚生労働省の「ハローワーク横浜港労働出張所」が健康福祉交流
センターの隣にあるが、2019年の求人件数は484件、598人であ
る[1]。やっと1日2人分の日雇い仕事を提供しているにすぎない。

一方、神奈川県と横浜市の外郭団体が運営する「寿労働センター
無料職業紹介所」は寿町を離れて、歩いて5分のところにある「か
ながわ労働プラザ」という9階建ての立派な建物に移っている。
ただし1階の奥、事務室とトイレの間にあるちっぽけな一室で
ある。2019年度の日雇い仕事の紹介件数は5件、5人である[2]。
全く機能していないと言わざるを得ない。つまり、正式な日雇い
労働市場は、幽霊のように事務所が残っているが、就業の機会は
ゼロに近く、労働者もほぼゼロである。インフォーマルな日雇い

1　第46回寿越冬闘争突入集会基調報告より。厳密には2018年12月か
ら2019年11月までの1年間のデータである。これとは別に、「有期契約」
は468件、延べ日数で37,824日あった。例えば200人の労働者が半年大
きな建設プロジェクトで働く場合、200×180＝36,000日という計算の仕
方である。狭い定義では「日雇い労働」ではないが、職安の存在には意味
があるということになる。
2　第46回寿越冬闘争突入集会基調報告より。これも2018年12月〜
2019年11月のデータである。

労働市場もほとんどいない。昔の寿町は午前4時半ごろから路上で手配師と労働者が熱心に仕事の交渉をしていたが、今はシーンとしている。

　そう、昔の日雇い労働者のライフスタイルは消えてしまった。かといって、日雇い労働そのものがなくなったわけではない。手配師は派遣会社に取って代わった。手配師は労働者の賃金から2割取って、不法であり、「ピンハネ」だと言われる。派遣会社は3割を取って、合法であり、「手数料」だと言う。水面下の構造は全く同じだが、見た目は大きく変わった。

　私が初めて日本に来た1983年には、労働者派遣業はそもそも違法だった。1986年に前年成立した労働派遣法により規制緩和された。当初は13業務に限定されていたが、2004年には製造業も含み原則すべての業務に解禁され、30年間で、リクルート、パソナ、テンプスタッフなどの労働派遣会社は大きく発展した。

　派遣労働のうち、日雇い派遣は「スポット派遣」[3]とも呼ばれる。

　スポット派遣の仕組みは携帯電話のテクノロジーと一緒に進んだ。2000年代は「ワンコールワーカー」とも呼ばれた。一度労働派遣業者に足を運び、登録書に書き込む。すると、仕事の話があるときに業者が電話してきて、都合を聞く。これで不安定労働者が寄せ場のような決まった場所で集まる必要が次第になくなった。午前4時半、街角に立ちんぼする必要はない。それと同時に最低限携帯電話の料金を支払う能力が日雇い労働市場に参加する条件になり、紀光のような労働者が排除された。

　2010年代に入るとスマートフォンが現れ、ネットで派遣サイ

3　日雇い派遣（スポット派遣）は2012年、原則禁止された。ただし、認められている業務も多く、60歳以上は可となるなど、抜け道は多い。

トに登録すると、雇用者と労働者の都合に合う形で契約が成立する。労働者が働ける業種、働きたい日にちや時間帯、求める賃金などを登録できるので、よくとれば、それは柔軟な雇用を促進する洗練されたシステム。しかし深夜などの時間やつらい肉体労働に登録しない労働者は、就業が難しい場合がある。それに徹底的に効率化されたシステムとなり、労働者は雇用主からレストランやホテルのようにレビューを受ける。いい仕事をすると五つ星を貰って、次は比較的に良い話が来る。なまけたり遅刻したり、酩酊状態で出勤したりすると、一つ星で、次回話が来ない。ガラケー時代はせめて人間と話すことがあったのに、スマホ時代は人間不在のアルゴリズムに支配される労働市場になってしまった。そして言うまでもなく、伝統的な日雇いと変わらない不安定労働である。今日仕事があっても、明日あるとは限らない。

　スポット派遣と、紀光ら寄せ場の男性が実践してきた日雇いにはいくつかの重要な違いがある。おそらく最も重要なのは、雇用が不安定な労働者同士の連帯の衰退。「寄せ場」は文字通り「人を寄せる場」を意味し、仕事を探す労働者が集まる具体的な場所だ。寄せ場では労働者同士、仕事を得るための激しい競争が時折あったが、少なくとも団結の可能性がある。労働者は共通の状況に置かれており、困ったときにお互いを助け合うことがある。釜ヶ崎や山谷に暴動の歴史があり、その暴動の多くは一人の労働者に対する暴力や不正への怒りから始まった。あるいは警察とヤクザの癒着に対する憤りの表現だった。紀光は、寿日雇労働者組合の人たちと同様に、寿での生活のこの側面を強調するのが好きだった。これもあり、日本の左翼の学者は寄せ場から日本の革命が勃発すると昔、夢見た。

　対照的に、『山谷崖っぷち日記』の著者、大山史朗(41頁参照)は、

日雇い労働者間の連帯や仲間意識を否定している。しかし、一つ
のことは間違いなく真実だ。寄せ場は、お互いに助け合うためで
あろうと、お互いに悪口を言うためであろうと、とにかく労働者
をまとめる。私が20年前の著書で書いたように――

　（寄せ場は）雇用主が使い捨て労働を買うために使う。労
　働者は最低限の生活を求める。活動家は政治的な目標で行く。
　利害関係は全く違っても、同じ場所に集まる意志は大きな共
　通点である。それは寄せ場の歴史的な連続性を説明するかも
　しれない。労働者の観点から見ると、搾取される場でもあり
　役立つ場でもある。寄せ場にいるのは負の烙印を押されるこ
　とである。しかし寄せ場にいなければもっと苦しくなる。労
　働者たちが就業の情報を交換できる場であり、人間のネット
　ワークを構築するチャンスを与えてくれる場でもある。それ
　は困った時の安全ネットになりうるし、孤独感を防止する機
　能もある。[4]

　スマホを持ったスポット派遣労働者は利便性を手にしたけれ
ど、団結の可能性を失ってしまった。

4　Tom Gill, *Men of Uncertainty: The Social Organization of Day Laborers in Contemporary Japan*, p.192(22 頁注 12 参照) から著者訳。

紀光の新生活

一つだけの表札

　2011 年に戻り、福祉マンションの一つに入って見よう。9 階建てのビルで、見た目はきれい。帳場さんは感じのいいお爺さん。外来者登録書に名前を書く。やはり、エレベーターあり。車椅子のお爺さんとそのケアワーカーと一緒に乗る。ちょっと変わった臭い。「つばを吐くな」という貼り紙。5 階で降りる。左と右に長いドアの列がある。全く表札がなく、誰が泊まっているか分からない、やはり匿名な社会だ。でも一番奥のドアだけ表札がある。

「西川紀光」

　名前が出ているのは紀光だけ。有名人だからではない。認知症の症状で、間違えて別の人の部屋に入ることがあったからである。

　部屋に入ろう。鍵はかかっていない。紀光は鍵を失くすから、かけない方がいい。昼間なのに、カーテンが閉まっていて部屋が暗い。テレビはオン。女子バレーボール。染みついたタバコの匂い。病院で使うようなベッドにべったりしている紀光。ドアが開いても動かない。でも名前を呼んだら、起きる。

「おぉ、トムさん」

「紀光、元気？」

「いや、全然ダメですねぇ」

　本調子ではない。ここ 3 年間、2 回も脳卒中で倒れている。おまけに去年の末、肝臓病で緊急入院。今はゆっくりと休養中。

　脳卒中の後遺症で、腕一本が使えない。ろれつが回らないし歯がないから、話を聞くのはかなり難しい。でもよくよく聞けば、

話そのものはぼけていない。そして認知症だと診断されても、施設に入ることなく、しぶとくドヤ生活を続けている。歩けるし、自力でデイセンターや医療所に行ける。

　ここ20年間、紀光も変わってきた。93年の紀光は世界を愛するヒューマニストだった。07年のこの本の元になった聞き取りの時、様々な差別的発言があり、原稿を読んだ出版社の担当者を苦しめた。現在の紀光はまた少し柔らかくなったような気がする。先が長くないと徐々に意識して、世界を許す感じになってきたか。93年の紀光には様々な、主に外国人のインテリ・ヒーローがいたが、07年の段階では中沢新一を「グル」と呼んで、チベット仏教に走っていた。部屋には中沢の書籍がいっぱいあった。ただし紀光は一貫して「経験を元にした知恵」を強調する。チベット高原で修業中の中沢新一とモハーヴェ砂漠で野宿するエリック・ホッファーの関連性に気づくのはおそらく紀光だけだろう。

　悲しいことに本は全部失われていた。紀光は、古いドヤから現在のドヤに移された頃、それらがどういうわけか消えたと言った。ずっと後に、私はケアチームの責任者と話をし、彼はその時、紀光の蔵書の処分を許可したことを認めた。謝罪しながら、「本は多くのスペースを取ったし、カビが生えていた。昆虫がいる本もあった」と語った。

紀光と酒

　紀光は酒も奪われた。担当医である、ことぶき共同診療所の土屋洋子先生との合意により、キャッシュレスな生活を送っていた。紀光が現金を持っているとアルコールを買うに決まっていると土屋先生は主張した。彼が再び飲酒を開始すると、3回目の脳卒中で死ぬだろう。その論理を否定することができず、紀光はしぶしぶ先生の「包囲戦略」と呼ぶものに同意した。

　ケアワーカーは1日3回食事を届けてくれる。週1回洗濯もやってくれる。ドヤ代も福祉事務所が払ってくれる。しかし「包囲戦略」でお金だけはくれない。紀光が生保で貰う金はドヤの帳場さんが管理していて、紀光は酒以外の物がほしければ、ケースワーカーに言えば買ってもらえる。あるいはケースワーカーが買い物に同行する。

　そうなのだ。紀光はこの世の欲を克服した聖人ではない。寿町の中華料理屋に連れて行って「何にする？」と聞くと、躊躇なく「焼酎」である。ダメだからウーロン茶を注文したら、マスターにグラスを見せて「お兄さん（50歳過ぎているおじさんなのに）、ここに焼酎を入れてください」。「ダメです」と、私が直接マスターに言うしかない。

　社会福祉の方々はよく頑張っている。飲み続けていれば、とっくに死んでいるだろう。本人は死を望むようなタイプではない。命知らずに飲む男は世の中にいるし、毎月数日間で生活保護の金を飲み代に費やしてしまう男も寿町には少なくない。しかし紀光はそうではなかった。「車はガソリンで動く。オレは焼酎で動く」（23頁）と言うとき、自分の依存性を正直に認め、管理する必要性も認めた。家計簿をつける習慣もある。生保受給者になっても、アルコール中毒の生活を持続していくのに必要な安酒一日4、5杯を月の最後の日にも購入できる程度に、出費を計算しながら注意深く節約生活を行っていた。「そんなに節約するなら、ディスカウント酒屋で2リットルのボトルを買えばいいじゃないか」と聞いたら、「2リットルあれば、すぐ2リットル飲む」と説明した。しかし2回もの脳卒中で彼の「計画的な依存者生活」でさえダメになってしまった。

　紀光と20年間付き合った結果の一つとして、日本の社会福祉

制度、とくに横浜の社会福祉制度を見直すことになった。体の不
自由な老人をドヤ街に住まわせる——外部の人にはかなりおかし
な話だろう。でも少なくとも紀光の場合、正解だと思う。本人
の言葉を借りれば、寿町は彼にとっての my right place（17 頁）
だと言えるだろう。ドヤ街の生活に慣れているし、仲間もいる。
それに認知症ながら一人でほとんど独立した生活ができるのは本
人には何よりうれしい。酒が飲めないことは嫌だけど、こればか
りは仕方がない。

　しかし認めざるをえないのは、紀光は酒を飲んでいるとき、雄
弁になっていたことである。彼ならではの長い、脱線の多いスピー
チランはもはや、ない。質問すれば、紀光は答えてくれる。でも
進んで話はしない。一緒に酒を飲んで話し合っていた時代が懐か
しい。そして彼に一杯やってはいけないのはつらい。

　一回だけ、引っ越し先の大磯の家のバーベキューに呼んだ。元
ゼミ生たちなどが騒いでいる時、紀光は窓の外の庭を見つめてい
た。直接話せば返事はできるが、周りの会話に参加できない。そ
して彼の前で酒を飲むのは悪いから、皆遠慮っぽくなった。

　2012 年 1 月 3 日、2 ヶ月ぶりに紀光を訪問した。年末年始は
各ドヤ街で「越冬闘争」が行われる。70 年代のオイルショック
の時から始まり、そろそろ 40 周年になる。年末年始は日雇いの
仕事がないし、福祉事務所等は休んでいる。それに、いろいろな
理由で里帰りができない人がドヤ街には多いから、日雇い組合や
支援団体が年越しそばとか餅つきとかカラオケ大会などをして、
正月ムードを作ろうとする。お盆の時は夏祭りを行う。しかし冬
場は寂しさだけではなく、凍死・飢死を防ぐ意味もある。だから
「祭」ではなく、「越冬闘争」。

　紀光は退院して 1 週間だったが、どうやらお出かけする気があるようだったので、寿児童公園に連れて行った。そこに「越冬本部」がある。昔は青テントで野宿者を泊めることにしていた。そこには十数年の間、市の協力を得てプレハブを 10 日間ほど建てていたが、最近またテントに戻った。市はもうプレハブの金を出してくれない。その代わり、「はまかぜ」というしっかりした、6 階建てのホームレス・シェルターを、2004 年から開所した。こちらの方が全然マシだ。

　児童公園に着いたら、医療関係者は全員紀光のことを知っていた。昨日まで高熱を出していたらしく、心配している様子。テントに座らせて、真剣に最近の体の具合を聞く。体温を計ったら、ほぼ正常で皆ほっとした感じであった。私以外に紀光のことを大事にする人がいると分かった私は、そのことでもホッとした。

　そしてこの年、紀光と私の本を出す出版社をようやく見つけた。京都のワンマン出版社、キョートット出版だった。オーナーは小川恭平。非常に真剣に仕事に取り組んだ。彼は山鹿を訪れて、本に使うために何枚かの写真を撮った。

　本のゲラを紀光のグルである中沢新一教授に見せると、中沢先生は気前よく読んでくれた。そして、「西川さんに『あなたが直観していることはほとんど正しいです』と、中沢が言っていたとお伝えください」というメッセージを下さった。その話を紀光に伝えたら、彼は感動し、涙が出そうになって、「やはり中沢先生は優しい人ですね」と言った。

お姉さんの話

はじめての電話

　山鹿へ行って紀光のお姉さんに出版した本を手渡すことが、ずっと紀光と私の夢だった。

　紀光は何度か訪問していたにもかかわらず、お姉さんの住所や電話番号の記録がなかった。区の福祉事務所を訪問し、紀光を担当するケースワーカーと話した。彼はお姉さんに電話して、私に電話番号を伝える許可を得てくれた。

　これは私にとって大きな意味を持つ瞬間だった。紀光の家族に連絡するのが初めてだっただけでなく、ドヤ街の調査で出会った男性の家族に連絡するのは、初めてのことだった。男たちのほとんどは、実家の家族や結婚していたときの家族から完全に分離されていた。日雇い労働者は、紀光のハイゼンベルク不確定性原理の図のように、小さな孤立した粒子だ。今、私は日雇い労働者を家庭生活から切り離している大きな障壁の向こう側の誰かと話そうとしていた。2013 年 5 月 31 日、お姉さんに電話をかけた。

　ケースワーカーがお姉さんに私のことを少し話していたので、彼女は私の電話を待ってくれていた。私は自己紹介をし、弟のノリミツに研究を助けられ、どれほど感謝しているかを話した。紀光を「キミツ」と呼ぶのはどうやら私だけであり、彼女は皆と同じく「ノリミツ」と呼んでいた。

「ノリミツは何十年も音信不通でしたが、5 年か 6 年前に、突然山鹿の家に現れました。ワンカップを手にしていました。とても

懐かしく、食事を用意しましたが、朝、昼、夜、弟が求めたのは酒だけでした。アルコール依存症なのは明らかでした。もはや私が知っているノリミツではありませんでした。

　その後、3〜4回来たと思います。来るのは決まって午後11時以降、いつも夜遅くでした。私が眠ろうとする頃、ドアを激しく叩く音がすると、彼なのです。近所迷惑でした。昼間は酔っぱらって町を歩きました。ある日、私が友達と帰ってきたとき、玄関の前で雨に打たれて寝ていたこともありました。近所の見る目も怖かったです。もちろん、弟に何十年ぶりに再び会えてホッとしましたが、大きな困惑もありました」

　お姉さんは私が紀光と親しくなったことに心から感謝してくれた。「ドヤの部屋での長く孤独な年月を通して、時々訪問する人がいることは大事な気分転換だったに違いない」と、昨日彼女は大阪の末の弟と電話で話したという。

「本当に、先生のお世話になっております」

　紀光は世界政治、特にイギリスの政治に関して驚くべき知識の広さがあると言ったら、中学生のとき、彼は社会科でクラスの一番だったと教えてくれた。家庭訪問では社会科の教師が両親に紀光の成績を賞賛した。そしてお姉さんは、酒を一杯手にした彼が、面白い話術家であることを認めた。早口で何でも喋る紀光の話についていくことは面白かったそうである。

「しかし、山鹿への長い旅の後、横浜に戻る途中、ノリミツは広島で事故に遭いました。危うく電車にはねられて死ぬところでした」

　そう言われると、その事件を思い出した。電車が入ってきたとき、紀光はプラットホームで倒れ、手が端を越えていた。その瞬間に手を引き戻した。一本の指の先端を怪我したが、ほんの1

秒遅ければ手を失ったかもしれない。あるいはもっと悪いことになったかもしれない。

　最後に紀光が山鹿に来たとき、酔っぱらって道路で倒れ、救急車で病院に運ばれた。お姉さんは病院に直行して、タクシーで家に連れて帰った。そして彼が横浜に戻るとき、横浜の福祉事務所に電話して到着を確認してもらい、熊本へこれ以上旅行することを止めるように頼んだそうだ。

「それはとても危険なことだからです。彼は最後の訪問の時、足を引きずっていて、指に包帯を巻いていました」

文化を愛する父

　お姉さんは紀光が3歳か4歳から、絵を描くことにいつも熱心だったことも教えてくれた。戦闘機や外国の兵士の絵を描いていた。ノートの至る所に、そして教科書にさえ描いたという。紀光のドイツとアメリカの兵士の絵のスタイルは70年近くにわたって磨かれていたのだと分かった。

　紀光がよく話していた家での映画鑑賞会について聞いてみた。「私たちの父は本当に文化を愛していました。非常に芸術的で、素敵な絵を描き、展覧会に出展していました。文章力もあり、勤めていた銀行の社内雑誌を編集し、記事やエッセイを書いていました。音楽にも情熱を持っていました。当時、私たちは蓄音機を持っていましたが、それはまだ非常に贅沢なアイテムでした。彼は熱心なレコードコレクターで、私たちは音楽に囲まれて育ちました。また父は映画も大好きでした。9.5ミリカメラとプロジェクターを持っていて、自分で脚本を書いて短編映画を撮影しました。父は我々子供たちをモデルとして使い、私もいくつかの作品に出演しました。母や末の弟もモデルになりましたが、ノリミツ

のことはよく分かりません。私が父の映画に出始めたのは、ほんの3、4歳だったはずです。本当に面白い脚本を書いたのですよ！父が行う上映会では、こういった作品をチャップリンの『サーカス』などと一緒に家族や関係者に見せていました」

「私が保育所で働いていた時、父が保育所の一日をテーマに『村の保母さん』という脚本を書いて映画を作り、8ミリコンテストで賞をとりました。私が結婚するとき、父は私が振袖の花嫁になるまでを撮り、結婚式の一日を撮影しました。『嫁ぐ日』と題したその映画は、全国アマチュア映画8ミリコンテストで奨励賞を受賞しました」

「しかし父はわずか63歳で亡くなりました。彼は世界中を旅することを夢見ていました。近い将来私は父に世界周遊の親孝行をしてあげようと思っていましたが、悲しいことにその夢は叶いませんでした」

「父が熊本大学病院で癌で亡くなるとき、ノリミツの病院訪問のことを母から聞きました。到着したときはすでに酔っていました。そして病棟を歩き回って誰も理解できないことを英語で叫んでいたそうです。その後、彼は私たちを放棄してしまいまして、その後の40年について私は何も知りません」

　お父さんが亡くなってからしばらくの間、お母さんは紀光と連絡を取っていた。何度も手紙を送ろうとし、時にはちょっとした贈り物を送ろうとしたそうだ。しかし、住んでいる場所には届かないので送るのをやめるように紀光から言われて諦めるしかなかったという。お母さんが亡くなったときは、紀光がどこにいるか分からなかった。「正直なところ、野垂れ死にしているだろうと思っていました。それがおそらく彼の運命だという気もしました」

　最後に、私は本の話を持ち出した。それが難しいトピックだとは分かっていた。紀光と私が本を手渡して彼女が喜ぶイメージはすでに揺らいでいた。暴行事件のことなどを彼女は多分知らないと気づいた。それでも私はためらいながら、彼女が原稿を見て意見をくれるか、尋ねてみた。彼女もまた躊躇した。

「弟が読書家であったり、知的な対話をしていたことは初耳です。単なるアルコール中毒者だと思っていました。正直なところ、本について聞いたとき、あまり歓迎する気持ちにはなりませんでした。今日先生に聞いた話には本当に驚いています」

「原稿を読みたいですか？　ノリミツさんの全体像を表現しようとしました。恥ずかしく思うところもあれば、誇りに思うところもあるでしょう」

　長い、長い休止。

「読みたい気持ちと、読みたくない気持ち、両方あります。全体としては、読まない方がいいと思います。読んだら出版してほしくなくなるかもしれません」

　結局、お姉さんは原稿を送らないように私に頼んだ。第1版にはお姉さんから電話で聞いた話は入れていない。

2020年のお姉さんの話

　第2版を作ることになり、2020年8月11日、あらためて紀光のお姉さんに電話した。お姉さんは数年前本書の初版を読む機会があり、とても難しい気持ちになったと言う。弟が実名で出て、恥ずかしいエピソードがあって、ショックだった。しかし同時に、弟は哲学者でもあったと分かって、うれしい。「淋しい人生だと思ったけれど、素晴らしい人生を送っていたねと思って、その点はすごく感謝しております。本に

なったことはすごくびっくりしました。かつて音信不通の紀
光のことを心配してくれていた叔母達（母の妹二人）に本を
持って行って見せました。みんなは驚いていましたが、良かっ
たねと喜んでくれました」

　そして、お姉さんは出版される前に原稿を読まなかったこ
とを後悔していると打ち明けてくれた。とくに、お父さんに
ついてきちんと理解してもらえなかったのではないか、と話
した。そして、映画のことだけでなく、写真のことや、音楽
のことを詳しく教えてくれた。

「父はレコードマニアでした。クラシック音楽のレコードを
たくさん集めて、多くの名曲（ベートーヴェン、チャイコフ
スキー、ブラームス、シューベルト等々）を鑑賞できる環境
を作ってくれました」

　こういう話を聞いて、紀光に「日本人のヒーローは誰？」
と聞くと開口一番、「おやじ」と言った（65頁）のは、無理
もないことだと思った。あらためて父親はどれだけの文化人
だったか、痛感した。

　ただ文化的に豊かだったのは熊本市内にいる間で、紀光が
5歳、お姉さんが10歳のときまでだったという。蔵書はす
べて売られてしまったけれど、お姉さんはレコードが売られ
るのは嫌で、泣いて止めたというエピソードも話してくれた。

　父親の音楽性は紀光にも影響を与えた。高校を卒業して熊
本の自衛隊に入ったが、クラシックギターを習い、たまに実
家に里帰りすると必ず弾いてくれたそうだ。今度コンクール
に出るかもしれないと言った時もあったが、自衛隊の作業で
指を怪我したために、ギターを断念したという。

　しかし30年後私と出会ったとき、紀光はまだまだアコー

スティックギターを弾いていた。ただし、クラシックからジャズに移っていた。紀光が独特な絵を描くとき、愛用のギターを弾いているとき、文化人の父親の木霊がかすかに聞こえた気がする。

ギターを弾く紀光（30歳頃）。裏面の紀光によるメモは「この男にも夢があるということだ」という言葉で始まる。

本ができた

紀光のサイン

　2013年後半に、紀光のイラストがたっぷり入った安いペーパーバック本（本書第1版）ができあがった。

　2013年11月10日、私は本を6部持って紀光の部屋に行き、サインして貰った。お祝いのひと時のはずだった。長いコラボレーションがようやく具体的な成果を生み出した。昔の紀光ならきっ

と大喜びだっただろうが、認知症のため、特に嬉しそうではなかっ
た。ほとんど無表情。しかし、彼が本にサインするのに細心の注
意をはらう様子を見ると、それは紀光にとって何か意味があるこ
とだと分かった。

　本の出版で手伝ってもらった友人のために、6部の本にサイン
するのに約1時間がかかった。紀光はペンをカタツムリのペー
スで動かし、精巧なスケッチを描き、ほとんど不可解な英語でミ
ステリアスなメッセージを書いた。

　彼のグル、中沢新一教授のために、彼は真珠のネックレスをつ
けた優雅なブロンドの女性の絵を描いた。日本語の文章のチェッ

クを手伝ってくれた若い町田淳一氏には、「爆弾」と書かれた袋
を持っているマニアックにニヤリと笑う男を描いた。タイトルは
"At LAST At LAST Monster hero Look"（最後、最後、モン
スターヒーロー。ルック）。「ルック」は「見ろ」という意味か。
黒のペンを渡し、名前をサインするように頼んだ。紀光はサイン
しなかった。代わりに "BLast Bomb BLast Count Down"（爆
風、爆弾、爆風、カウントダウン）と書いた。

ハッピーバースデー

　2014年の春、本を宣伝するために一連のイベントを企画した。
3回も紀光を東京まで日帰り旅行に連れて行った。

　そして2014年4月12日、寿の近くのレストランで紀光の第
74回誕生会を開催した。土屋先生、私の妻、それに日雇い労働
組合の数人の活動家がやってきた。土屋先生はことぶき共同診
療所で医師やケアワーカーから寄付された本をいっぱい紙袋にま
とめていた。それらの本は、アート、アナキズム、その他の重々
しいトピックで、紀光が読書を楽しんでいた種類のものだった。

　紀光の表情はほとんど動かなかったが、ハッピーバースデーを
歌ったとき、微笑んだ。

　その後、紀光をドヤに送った。歩いてたったの5分だったが、
一息つくために2回も止まらなければならなかった。

　次の2ヶ月の間に2回、紀光が肝臓癌の診察を受けるため、
同行して浦舟町の横浜市立大学医療センターに行った。これは土
屋先生の要請によるもので、紀光には深刻な医学的問題について
考える手助けをする親戚が近くにいないためだった。

　2014年6月にCTスキャンが行われた。これにより、紀光の

肝臓の癌細胞が増殖し始めたことが分かった。患者から喜ばしくない真実を隠すと私が聞いていた日本の医学の評判からすると、医師は非常にぶっきらぼうな調子で 2 つのシナリオを概説した。1 つ目：以前と同じように、カテーテルを肝臓に挿入して薬を滴下する。それが行われるたびに、一週間ほど病院で過ごさなければならない。かなり苦痛で衰弱させるが、そうすれば後 2 ～ 3 年は生きていけるかもしれない。2 つ目：治療しないまま放置する。紀光は比較的楽に暮らせるだろうが、おそらくもう 1 年ほどしか生きられない。

　人の生と死の話なのに、医者は淡々とした調子で話した。紀光の無表情な顔は、医者の言葉がどんな印象を与えたかを明らかにしなかった。小さな丸い病院の椅子に座って、何も言わなかった。私と彼のケアマネージャーは、紀光に何か言うよううながした。「できることがあれば、やるべきだと思います。やります」とついに言った。医者は注意深く考えるように言った。

　その数週間後、土屋先生は紀光の気が変わったと私に伝えた。紀光は以前の医療処置は痛くて嫌っていたので、これ以上やりたくないそうだ。自分の人生を延ばすために、これ以上苦痛に耐える意味はなく、「終活」に従事することにした。

　後に、土屋先生に聞いた話。紀光に「また本を出さないのか？」と聞いたら、「肝臓三部作を書く」と答えたそうだ。

夏祭りで本を売る

　2014 年 8 月 14 日。寿町の夏祭りの目玉であるフリーコンサートに行ってこの本の第 1 版を路上販売した。ケアマネージャーに許可を貰い、1 ～ 2 時間、コンサートステージの隣のテーブルに紀光と一緒に座った。耳をつんざくようなロックミュージック

のせいで会話は不可能だったが、通行人に 37 冊も売れた。後で
彼の部屋で反省会を行った。紀光は酒を買う金が欲しくてしょう
がない。「387 …… 516 …… 476 …… 602 ……」ランダムな数字
をつぶやいていた。それが酒を買うのに適した現金の合計の例だ
と気づいた。土屋先生の話を紀光に思い出させた。「おお、それ
は……ははは……もちろん彼女は正しい。でも、面白おかしいで
すね。通常は男性が女性を悩ましますが、今回はその逆ですねぇ」
　正直なところ、紀光に一杯だけおごった。土屋先生は許してく
れるかな。

　2014 年 11 月初旬、紀光のドヤの管理人は、不本意ながらケ
アマネージャーに紀光に出て行ってほしいと話した。彼が他人の
部屋に迷い込み、その人のタバコを吸い、その人のベッドで寝る
癖について不満の声が上がっていた。階段を上り下りしてさま
よっては、吹き抜けで眠っている。あるいは寿町を歩き回ってい
る間に再三迷子になり、警察によってドヤに連れ戻されたことさ
えあった。寒いときは暖房のスイッチを入れるのではなく、部屋
の金属バケツに古新聞を入れて火をつけて暖かくしようとする。
　つまり、紀光は自分自身と他の人にとって危険になっていた。
　土屋先生は、紀光が寿町から約 40 キロ離れた神奈川病院に入
院し、休息とより管理された生活をするように手配した。土屋先
生が入院について語ったとき、紀光は異議を唱えなかった。三栄
会館での最後の数日間、これ以上問題を起こさなかった。
　11 月 14 日、紀光は寿町を去って、介護福祉士に連れられ病院
に向かった。認知症病棟に入って、似たような、またはより悪い
病状の人たちに囲まれる生活が始まった。医療費は福祉制度でカ
バーされているが、公立ケアホームに入所するには 1 〜 2 年の

待ち時間があり、私立なら多額の費用がかかる。だから今のところ、彼は徐々に進行している肝臓癌と軽い認知症を除いて、特に緊急の処置を必要とする病気ではないが、入院となった。他に行き先がないので入院する、いわゆる「社会的入院」である。

寿町夏祭りで書籍販売中

紀光最期の日々

車椅子と紀光

　2015年3月3日、面会に行った。認知症病棟は3階である。階段を昇りきったら、鍵のかかった金属ドアが立ちふさがる。用紙に名前、住所を記入しなければならない。そしてインターホンを押し、入室許可をとる。優しい管理社会である。

　看護師が出てきて静かに部屋に入れてくれる。広々とした部屋のあちらこちらに患者が座っていて、何人かが行ったり来たりしている。車椅子が多い。窓の近くに座っている男は、ボクサーが練習の時に使う赤いヘッドガードを被っていて、ときたま大きなうめき声をあげる。ベッドで仰向けになっているちっちゃな老婆が天使のような笑顔を見せて手を振ってくれる。

　看護師が紀光を車椅子で連れてきて、パーティションで仕切った談話室に二人きりにしてくれた。前回紀光に面会したときは、なんとか歩けた。おそらくまだ歩けるだろう。この車椅子は一種の束縛だとわかる。安全ベルトが付いていて、そのバックルは椅子の後ろにあり紀光の手は届かない。看護師にこの病棟には患者を束縛することがよくあるかと聞いたら、彼女は時々あると認めた。実は紀光が入院した当初、夜はベッドに縛り付けていたと小声でささやく。それはもうしていないというが、今でも自分では脱ぐことができないつなぎのパジャマを着ている。

　紀光は私を見ると親しげな笑顔を見せてくれる。食欲が旺盛で、差し入れとして持ってきた小さなプリンを2つともすぐにたいらげる。固形食は食べられないので、病院がプリンを推薦してく

れていた。「タバコある？」と再三ねだる。

　入院したら、酒のかわりに唯一の楽しみになっていた喫煙も奪われた。いつも私は紀光の求めを断らなければならない。

「キミツ、私のこと覚えてる？」

「もちろん。一緒に盆踊りやったんだ」

「ほんとだ」

　20年前、寿町の夏祭りのとき、太鼓をたたいている櫓の周りを一緒にすり足で回った。

「去年の夏も祭りに行ったじゃないか、オレたちの本を売りに」

「そうだね、よく売れたな」

　確かに数時間で37冊も売り込んだ。

「最近、夏目漱石の『こころ』を読んでいるよ」と私が報告した。

「漱石はいいですねぇ。子供のころ『それから』を読んだ。漱石は独特な雰囲気があるなぁ」

　こういうとき紀光は全然ボケているように感じない。しかし彼にこの本の英語版である『Yokohama Street Life』を見せると、表紙の写真にいる二人の男が誰なのか聞く。

「知らないの？　お前とオレだよ！　もう少し若かったころね」

「そうか……」

　まぁ、あの写真が撮られたのは22年前であり、我々二人とも昔の面影は残っていないだろう。

「オレ、いったい何歳だろう？　100歳？　99歳？」

「キミツ、お前まだ若いよ。74歳」

　それを聞いた彼は驚きのあまり口が開いたままになった。認知症の人は昔のことを案外覚えているので、青春時代の思い出話を求めた。

「労働者階級の地域に暮らしていた。家の隣に飛行機の部品を作

る工場があった……学校では得意科目は音楽だった……音楽の先
生が好きだったなぁ」

　この話に興味のある人は私だけだろうが、初めて聞いた話なの
でちゃんと記録した。でも、もっと話を聞こうとしたら突然、「寝
たい」と言う。何とかもう少し起きているように説得した。紀光
は落ち着きがなくなり、何回も車椅子から立ち上がろうとした。

　看護師が見ていないとき、私は密かに車椅子の後ろに手を伸ば
してバックルを外した。彼はやっと立ち上がって車椅子からよろ
よろと歩き出す。2回目の脳梗塞のときから、左手が使えなくなっ
てしまっていたが、右手で壁の手すりを掴んでしぶとく進んだ。
私は左腕を掴んで介助した。ついナースステーションの前を通っ
て看護師にばれてしまった。私は「紀光は充分歩けるようです」
と言った。看護師は厳しい声になって「そうであっても転んだら
大問題ですから」と答え、きつい目つきで私を見つめた。

　要するに入院患者の老人には、医者や看護師にとって歩いてほ
しい人もいれば、歩いてほしくない人もいる。例えば私の義理の
母も入院しているが、看護師たちは寝たきりにならないよう、リ
ハビリで数歩だけでも歩くようにしょっちゅう促している。一方
紀光は逆である。歩き出すと絶対に行ってはいけないところに
行ってしまって問題を起こす。それが車椅子に縛り付けられてい
た実際の理由であって、転んでしまう可能性は言い訳である。「突
然現れた外人さんは、彼の状況がさっぱり分からないのに、車椅
子から解放させてえらい迷惑だった」。たぶん私はそういうふう
に見られていただろう。

　病院に到着したとき、看護師長に「ちゃんと歩けないから車椅
子なんですよ」と言われた。しかし帰るとき看護師長は密かに私
に耳打ちした。「実は1日1回だけリハビリのために散歩させて

います。しかしここは病院であり、リハビリをきちんとやるスタッフがいない。本当はリハビリ専門の施設に入った方がいいのですけどね」

　それが問題の核心である。紀光を自由に歩かせるならスタッフの一人は彼から目が離せない。生活保護者の場合は現代日本の社会構造上、そこまでサービスを期待できない。

動物園に行こう

　後日素晴らしいアイディアが浮かんできた。

　たまたま病院の近くに素敵な動物園があった。紀光は基本的なケアはされているが、知的な刺激はない。読書はもうしていないし、看護師の話によるとテレビさえほとんど見ることはない。エキゾチックな動物を見れば少し元気になるかもしれない。介護タクシーを使う条件で許可を得た。介護タクシーを予約した。とても高かった。

　しかし残念ながら当日の朝電話があって、担当医が許可を取り消したと言われた。なぜだったのだろう。私が彼をアルコールとニコチンでいっぱいにすると疑ったのだろうか。仕方なく介護タクシーをキャンセルした。せめてもの慰めに、看護師同伴で病院の駐車場に車椅子で連れていくことを許してもらった。外の空気をちょっと吸って、駐車場の片隅にあった花壇の花を眺めた。

　最後の面会は紀光の 75 歳の誕生日、4 月 12 日だった。また気取ったプリンを差し入れして、扇情的な週刊誌を 1 冊プレゼントした。紀光は興味を示したが読書用の眼鏡が見つからなくて読めない。看護師に問い合わせたら、やっと入院当時の 1 階下の病棟で見つかった。それは数ヶ月間なにも読んでいないという意味であり、あんなに読書好きの彼だったのにちょっと悲しい。

　また動物園のことをお願いしたが、やはり無理だった。理由の
ひとつは、私が親戚ではないことだと言われた。ただの友人だと
信頼してもらえない。

「西川さんは本日退院されました」

　2015年6月1日、月曜日の夕方だった。仕事の帰り道、妻と
一緒に茅ヶ崎駅で降りて紀光の面会に行った。前日、ケースワー
カーから肝臓癌が悪化したため転院したと聞いていた。その病院
の受付に行って、部屋番号を尋ねた。西病棟の4階だと言われた
ので向かうと、看護師はその名前の人はここにいないと言い切っ
て、東病棟を提案した。東病棟に行くと、そこの看護師は絶対に
西病棟だと言い、一緒に西病棟について来てくれた。二人の看護
師がコンピューターの画面をのぞき込みながら、長い間こそこそ
と話していた。その果てに、東病棟の看護師が我々のほうを向き、
「西川さんはここにいましたが、本日退院されました」と言った。

　嫌な予感。入院前の担当医の土屋先生に電話した。彼女は調べ
てくれると言い、我々は近くの居酒屋に行き、刺身とレモンサワー
を注文して待った。

　すぐに電話がきた。恐れていた通り紀光はその日の朝、亡くなっ
ていた。午前3時15分だった。数時間の差で間に合わなかった。

　個人情報の厳しい規則で病院のスタッフは亡くなったことを言
えなかった。ただ「退院した」としか言えなかった。22年間の
友好関係の終わりだ。寂しいね。

　最後の半年は肝臓癌と認知症で次第に崩れてしまって楽しくな
かっただろうが、せめてこの本の日本語版と英語版の両方を見る
ことができた。寿町にはたくさんの面白おかしい奴がいるけど、
彼は格別だった。

キミツにさらば

　3日後、いつもよりずっと早く起きて一着しかないまともな黒いスーツを着た。黒い靴は使い物にならない。左の親指のところにパクリと穴が開いていた。仕方ない。茶色の靴で紀光を送り出すしかない。

　喪服を着た妻と二人で、朝の澄んだ空気の中、二宮駅まで自転車を走らせた。電車で辻堂まで行き、目的地である葬儀屋を見つけた。大げさに丁寧な若いスタッフが、柔らかな光に包まれた大理石の大きなホールの中で、ただ一人の参列者を紹介してくれた。それは大阪から来た紀光の弟であり、後でお骨を山鹿の実家に連れて帰ることになっていた。

　小柄な男性で、茶色の目が銀の眼鏡の奥でキラキラしていた。まだ69歳で大手の電機メーカーを長年勤めあげて最近引退した。紀光の家族は荒っぽい労働者階級ではない。お父さんは銀行員だったし、弟はしっかりしたサラリーマン、そしてお姉さんは保育所の園長だった。紀光だけは子供のとき何かあって違う方向に行ってしまった。その何かがなんなのかはよく分からない。

　私が出会ったとき、紀光はすでに年を取って柔らかくなっていた。私は青年時代の荒れた紀光を知らなかった。復讐の衝動から男を刺して、2年半刑務所に務めた紀光を知らなかった。そして紀光は、酔っ払って家族に迷惑をかけたことも自分で認めていた。

　こういう背景があり、家族が来てくれたことは私をほっとさせた。紀光はラッキーだ。寿町で亡くなる男の多くは無縁仏になってしまう。横浜の久保山公立墓地に入って5年間身内が引き取りに来なければ、遺骨は処分されてしまう。あるいは運動家やソーシャルワーカーに知られている男ならば、横浜の徳恩寺にある千

秋の丘という共同墓地に入ることがある。

　ときどき千秋の丘は紀光に悪くない永眠の地ではないかと思うことがあった。寿町の仕事の仲間の多くと一緒になるからである。しかし紀光自身は山鹿を恋しがっていた。特に65歳を過ぎた頃から死を意識し始めて帰郷意識が高まっていた。

　そう。紀光の弟が引き取りにきてくれてよかった。

　葬儀屋が我々3人を紀光の棺桶が安置されている小さな白い部屋に案内した。簡素な薄い板でできた棺桶が架台の上に乗っていた。棺桶の蓋が開いていて、紀光は浴衣姿で白いシーツに巻かれていた。一輪の花もない、一本のお線香もない、お経をあげるお坊さんもいない。

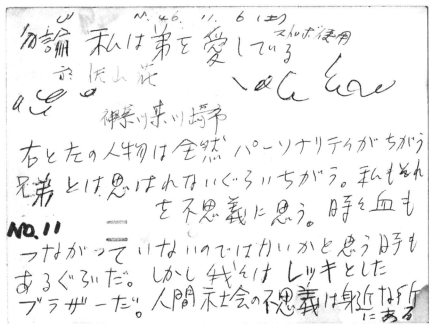

「しかし我々はレッキとしたブラザーだ」
（兄弟で撮った写真〈1971年撮影〉の裏にあった紀光によるメモ）

顔が真っ白になっていることを想像していたが、肝臓癌のせい
か顔は黒ずんだ黄色だった。歯が一本もない口は閉じていて、唇
はすぼんでいた。ひげは剃ってあり、髪の毛も切ってあり、妙に
死を感じさせた。

　私の妻が泣き出して、生きているうちにもう一度訪問しなかっ
たことを謝った。紀光の胸に、持ってきた紫と白の菊のブーケを
置いた。弟からもプレゼントがあった。鬼ころしの100円紙パッ
クだった。それをキミツの肩の上、口の近くに置いた。「今は好
きなだけ飲んでいいよ」とそっと言った。「心配しないで。ちゃ
んと山鹿に連れて帰るから」。彼は茶色の数珠を左手に巻いて、
手を合わせて祈った。私は100円ショップで買った黒い数珠を
手にして真似た。そのとき、香典袋と香典袋を入れる袱紗も買っ
ていた。日本のお葬式は包み物が多い。25年間日本に住んでい
たのに初めてお葬式に参列した。ささやかなお別れの儀であった。

　誰かが、紀光の足元にレジ袋を入れたようだった。病院の看護
師か。みんな興味津々で、弟が開けてみた。中身は紀光のきれい
に洗った下着と靴下だった。旅立ちのためだろう。

　我々3人は後ずさりするように部屋をあとにした。ホールに戻
ると、私は紀光の弟に香典を渡した。つまらないものですが、と
言ってしまった。妻に「ご愁傷様です」と言うべきだと教えても
らっていたのに。こういう場面だったので妻は必死に笑いをこら
えた。

　数分後、棺桶が葬儀屋を出た。我々がスタッフを手伝い、霊柩
車に紀光の棺桶を乗せた。あの立派な金の飾りがある、漆黒の霊
棺車ではなかった。普通の灰色のステーションワゴンを棺桶が入
るように改造していた。

　霊棺車には運転手以外二人しか乗車できなかったし、妻は母親

の手術日でもあったため、そこでお別れした。弟は助手席に座り、私は一つだけの後部座席に座り、紀光の最期の旅の隣にいた。戸塚の火葬場まで 30 分ぐらいかかった。途中で弟は案外自由に紀光の思い出話を微笑みながらしてくれた。紀光より 5 歳年下で戦争が終わってから生まれた。敗戦直後は大変な生活だった。食べ物がなくて、家族で川に行って土手のつくしを採り、醤油で煮て夕飯にした。

　紀光とお母さんのひどい喧嘩があった。柔道着のことだった。16 歳のとき、紀光はすでに黒帯だった（一回も私に話したことはない）が柔道着は一枚しか持っていなかった。柔道着が洗濯されているとき、友達から借りるしかなく、それが大嫌いだった。何回ももう一枚買ってほしいとお母さんに頼んだが、お母さんはまだ十分お金を貯めていないと言って、いつも待つように言っていた。その果てに紀光の不満が爆発して、激怒してお母さんをさんざん罵った。60 年経っていたが、弟はこのできごとを鮮明に覚えていて、それを紀光が滅多にお母さんの話をしない理由だとした。もしかするとこれがバネとなり、紀光は姉弟とあんなにも違う人生の軌道に飛ばされたのか。

　火葬場に着いた。

　棺桶は霊棺車からステンレスの台車に移され、お焼香台の前で止まった。お焼香の二つの小さな山の一つから煙があがっていた。

　棺桶は 6 つの窯がある部屋に運ばれた。各窯に故人の名前が書いてあった。紀光の名前は 4 番目の窯にあった。おかしいね。日本では 4 という番号は縁起が悪いと思われているのに。考えてみれば、すでに死んでる人には関係ないか。

　紀光の棺桶はコンベアベルトを通り、小さなブーンという音を立てて窯に滑り込んだ。

炎が仕事をするのに1時間かかるので、弟と私は待合室でもう少し会話した。つまらない灰色の待合室であり、小さな売店と何台かの自動販売機があった。誰かの遺族が7、8人いて喪服を着ながらガツガツ食べて大声で笑い話をしていて、子供たちがヨーヨーで遊んでいた。私は慰めのチョコレートを買い、弟と分けながらもう少し紀光の思い出話をした。

やっと時間がきた。

作業員が二つの四角いステンレスのトレイにお骨を乗せて隣の部屋に案内した。完全に灰に化しているだろうと思っていた私は、骨が残っているのを見てぞっとした。青いズボン、青と白のストライプのシャツに青い帽子の、小太りで赤い頬をした作業員からレクチャーを受けた。上半身の骨は右のトレイ、下半身の骨は左に入っているという。この骨は頭蓋骨の一部の耳の隣であり、一方こちらは首と肩が合うところの骨である。紀光の弟は大きめの破片を二つほど長い箸で持ち上げ、簡素な骨壺に入れた。私もそれを真似た。作業員はもう少し骨を入れて蓋をし、ゴムテープで封をして、白いシルクの袋に入れ、弟に渡した。弟が骨壺を、紫の風呂敷で包んだ。火葬料の1万2千円を作業員に渡した。

弟と私はタクシーで戸塚駅まで行った。彼はいっぺん辻堂のホテルに戻ってから羽田空港に向かい、熊本に飛んで、そこから山鹿までバスに乗って紀光のお骨をお姉さんに届けることになっていた。次の日山鹿でちゃんとした葬式をあげると言った。

私はというと、彼を見送って、教職員マイクロバスに乗り、大学の戸塚キャンパスに講義をしに向かった。バスの窓の外を見続けて、紀光の張りつめた黄色い顔を思い出さないようにした。

私はバカではない
バカの代表
バカの NUMBer. I
死んでも直らない気狂い
大バカ!!
土木作業とか港湾労物とかいった人のいやがる仕事を俺は焼酎
ちゅうや2級酒 安ウイスキーでまぎらわすしかない、それは人間の生理だ

「私はバカではない　バカの代表　バカの Number 1」
88 頁の写真の裏にあった紀光のメモ書き。30 歳頃。

あとがき

　この本は一人の男について描いた「一人民族誌」である。

　人類学には存外このような本がある。1980年代はじめには、二つの傑作が世に出た。それはヴィンセント・クラパンザーノの『トゥハーミ』(1980年)[1] とマージョリー・ショスタックの『ニサ』(1981年)[2] である。

　トゥハーミはモロッコの無学な瓦造りで、暗く湿っぽい小屋に暮らす。アイシャ・カンディシャという駱駝足の山姥と結婚していると思い込んでいる。その山姥に対して愛情もあるけれど、解放されたくて必死である。毎晩聖人や鬼の幽霊がトゥハーミの小屋にやってくる。魔法使いで素晴らしく話が上手いトゥハーミの目でモロッコの田舎の文化が生々しく披露される。トゥハーミはもちろんユニークな人間だが、自分の文化的環境に根っこがある。

　一方、ショスタックの本は「ニサ」(仮名) というクン族の女性を紹介してくれる。クン族は南アフリカとボツワナを跨るカラハリ砂漠に暮らす狩猟採集民であり、クン社会では女性の地位や自由度が割合高い。ニサは極めて気が強い女である。12歳で結婚して、4回結婚し3回離婚して、恋人が大勢いて、子供を4人産み、しかし全員早死にする。ショスタックと会った時、ニサは

1　Vincent Crapanzano, Tuhami: Portrait of a Moroccan (Chicago University Press, 1980), ヴィンセント・クラパンザーノ『精霊と結婚した男：モロッコ人トゥハーミの肖像』(大塚和夫・渡部重行訳、紀伊國屋書店、1991年)。

2　Marjorie Shostak, Nisa: The Life and Words of a !Kung Woman (Harvard University Press, 1981), マージョリー・ショスタック『ニサ：カラハリの女の物語り』(麻生九美訳、リブロポート、1994年)。

更年期になっているが自分で狩猟採集して夫に頼らない生活をしている。だれとでも平等に話して、何回悲惨なことが発生しても落ち込まないで、ユーモアを込めて現実的に人生を見なす。トゥハーミと同様にユニークな人ではあるが、セックスのタブーがなく、結婚の半分以上は離婚で終わるクン族ならではのユニークさである。

　以上の事例から何点か分かることがある。まず、一人だけの民族誌であり、その主人公がどう見ても特殊な人物であっても、その人の経験、話、考え方は周りの文化・社会を把握する手がかりになりうる。「狭くて深い」文章であるとその主人公の目でものを見ることができるからだ。オーソドックスな民族誌の場合、概ね「先進国」の専門家は当事者の人生・社会・考え方を博士号の権力を生かして説明する。いわゆる「エティック」（外部からの）観点である。ところが、一人民族誌になると、書き手の腕が良ければ、その社会・文化の「エミック」（内部からの）観点にアクセスできる。「解釈・分析がない」と批判される場合があるが、「当事者の解釈も大事である」という反論が可能ではないだろうか。

　もう一つ大事な点としては、「研究員と当事者の関係性」である。オーソドックスな民族誌だと（多くの場合）「伝統的」、あえて言えば「原始的」である当事者を説明する人類学者はどうしても「上から目線」になりがちである。一人民族誌だと平等的な関係になりうる。あるいは、当事者の方が上になって、書き手は「偉い学者」ではなく、記録担当の「秘書」になる。紀光は「ジョンソン」、私は「ボズウェル」（42頁）はまさにそういうことだと言える。

　この論理的なチェーンを最後まで追求すると終点で待っている質問は「誰が著者なのか」である。人類学者がただの聞き手、記録係を務める秘書であれば、本当の意味の著者は「当事者」では

ないか。

　1996 年、『常世の舟を漕ぎて：水俣病私史』（世織書房）という一冊の一人民族誌が世に出た。著者欄は「緒方正人（語り）、辻信一（構成)」である。「著」となくても、水俣病と長年闘った緒方は著者として認められたと言えそうである。ところが、この本の英語版が 2001 年に出版されたとき、著者は Oiwa Keibo[3] となり、その下に「緒方正人語り」、さらに下には「カレン・コリガン・テイラー訳」とあり、学者の名前が上に浮上していて、当事者は学者と訳者の間に挟まっている。米国の出版社は著者を一人にすることを求めたと大岩さんは言う。そして 2020 年、25 年ぶりの「熟成版」が別の出版社（素敬 SOKEI パブリッシング）から出たら、今回は「語り 緒方正人、編著 辻信一」となっている。追加文章もあり、学者は「構成」から「編著」に再定義されている。この本の三つの版における著者の定義の変更では、学者と当事者の関係性がどれだけファジーであるかが分かる。大岩（辻）さんによると、緒方さんは「自分の口からいっぺん出た言葉はもう、自分のものではない」とみているそうである。緒方さんの話ではないが、著者という肩書は「名誉」だけではなく「責任」という意味も込められている。一方大岩さん自身はそもそも語り手と聞き手の区別を認めず、本の作成は共同作業と捉えているそうである。

　ここ 10 年間、私は福島第一原発の被災者を研究している。特にその一人、庄司正彦の世話になっている。2019 年、「当事者が語る：一人の強制避難者が経験した福島第一原発事故」という小

3　実は「辻信一」は私の明治学院大学国際学部の同僚、大岩圭之助教授のペンネームであり、また Oiwa Keibo という名前も使う。

論文を発表した[4]。やはり、一人民族誌である。著者は「トム・ギル　庄司正彦」である。これは正しい表現だと思う。本書も、実は西川紀光との共著である。でも結局紀光の名前は著者欄ではなく、タイトルで出た。紀光に悪かったが、出版社はこの方がいいという意見だった。紀光は気前よく許してくれた。

＊

この本を仕上げるには、様々な方のお世話になりました。

文化人類学・映像人類学者の森田良成さん、千葉工業大学（物理学）の轟木義一さん、フリーライターの町田淳一さんが第1版の原稿を読んで、いろいろと訂正してくれました。完全版では東京大学の名和克郎さんに大事な訂正をいただきました。寿町の労働や福祉の問題については、寿日雇労働者組合で活動されている近藤昇さんに教えていただきました。ありがとうございます。

この完全版は第1版より分量が5割増えています。紀光の人生の最期の2年間を話すことができてよかった。肝臓癌で苦しんでいた紀光の面倒を最後まで見てくれた担当医の土屋洋子さん、ケアワーカーの村田朋子さん、横浜市中区福祉事務所の皆様に感謝します。

完全版の編集作業はキョートット出版の小川恭平さんと石田光枝さんが丁寧にしてくれました。山本愛穂さんは英語の原稿の和訳の一部や校正の一部を担当してくれました。

第1版の出版は7年前。この完全版は、より豊かな内容になっ

4　関谷雄一・高倉浩紀編『震災復興の公共人類学』（東京大学出版会、2019年、169〜194頁）。

たと思います。その大きな理由の一つは、紀光のお姉さんの貴重な談話を紹介することができたことです。お姉さんのご協力を得て、子供時代、青年時代の紀光の写真も載せることができました。弟さんも昔話を聞かせて下さいました。お姉さんと弟さんには、感謝の気持ちでいっぱいです。

　また明治学院大学の出版助成がなければ、この本は作れませんでした。この場を借りて明治学院大学にも謝意を伝えます。

　そして私の妻、ギル真奈美にも、心からありがとうと伝えたい。紀光を訪ねたり、私を様々なかたちで支えてくれました。

　最後に、西川紀光に感謝します。亜歩郎喫茶店の話し合いから13年も経ち、紀光自身は残念ながら2015年6月1日に他界しました。しかし亡くなる直前に本書の英訳が出版されて、本人に見せることができたことは良かった。幸い英語版はとても積極的な書評をいただいており、世界に西川紀光の考えを伝えることができました。

　ところで最近、紀光にも知らせたい出来事がありました。「ヨコハマトリエンナーレ2020」で、ディレクターである「ラクス・メディア・コレクティヴ」(インドのアーティストグループ)によって、本書が「ソース」の一つに選ばれたことです。「自ら世界を把握し、自ら光を放つこと」へのヒントとして、開幕前から参加アーティストらに共有され、プレイベントの中では紀光の言葉が朗読されました。

　この完全版がさらに多くの人の手に渡ることを願います。

大磯、2020年9月11日

トム・ギル

トム・ギル（Tom Gill）

Thomas Paramor Gill. 1960年英国生まれ。ロンドン大学（LSE）博士（社会人類学）。現在、明治学院大学国際学部教授。

25年以上にわたり、日雇い労働者、寄せ場・ドヤ街、ホームレスを調査。博士論文は主に横浜・寿町で調査を行い、*Men of Uncertainty: The Social Organization of Day Laborers in Contemporary Japan* (State University of New York Press, 2001) として出版。日本語での著作としては、「寄せ場の男たち：会社・結婚なしの生活者」（西川祐子・荻野美穂編『共同研究・男性論』人文書院、1999）、「闘争空間としてのストリート」（関根康正編『ストリートの人類学・上』国立民族博物館調査報告80、2009）、「日本の都市路上に散った男らしさ：ホームレス男性にとっての自立の意味」（サビーネ・フリューシュトゥック／アン・ウォルソール編『日本人の「男らしさ」：サムライからオタクまで「男性性」の変貌を追う』明石書店、2013）などがある。

また、福島原発事故被災者調査を行い、共著『東日本大震災の人類学』（人文書院、2013）を編集した。

本書の英語版として *Yokohama Street Life: The Precarious Career of a Japanese day Laborer* (Lexington Books, 2015) が出版されている。

毎日あほうだんす

横浜寿町の日雇い哲学者 西川紀光の世界

2013年 3月31日　第1版 発行
2020年10月15日　完全版 発行
2021年 2月14日　完全版 第2刷

著　　者　トム・ギル（Tom Gill）

発行者　小川 恭平

発行所　キョートット出版
　　　　〒603-8311 京都市北区紫野上柏野町 52-12
　　　　☎ 050-6872-1904
　　　　http://kyototto.com

印刷製本　共同印刷工業株式会社